Die Planübung im Studiengang Sicherheitsmanagement

Die Planübung im Studiengang Sicherheitsmanagement

Marcel Kuhlmey (Hrsg.)

Die Planübung im Studiengang Sicherheitsmanagement

© Fachhochschule für Verwaltung und Rechtspflege Berlin
University of Applied Sciences, Alt-Friedrichsfelde 60, 10315 Berlin
www.FHVR-Berlin.de

Herstellung: Books on Demand GmbH, Norderstedt
Satz: Miriam Müller

Bezug durch den Buchhandel oder direkt durch:
Books on Demand, Gutenbergring 53, 22848 Norderstedt, www.bod.de

ISBN: 978-3-940056-18-4

Inhaltsverzeichnis

Marcel Kuhlmey

Kapitel I Grundlagen der Planübung

Steffen Bürger, Marc Johne, Katrin Jürges, Stephanie Lehmann, Juliane Riemer und Hasibe Turhan

Kapitel II Planübung "Veranstaltung"

Sascha Göhlert, Anett Grasnick, Simon Pagel, Stefan Pauly, Katerina Radtke, Jutta C. Reiter, Jörg Sobisch

Kapitel III Planübung "Werkschutz"

Edward Kanitz, Sebastian Lehmann, Sebastian Noetzel, Jens Piest, Tomke Rödenbeck, Martin Tabor und Anne-Kathrin Zehmke

Kapitel IV Planübung "Presseball"

Manuela Daniel, Andrea Heß, Thomas Lyszczan, Lukas Rynski und Thu Thuy Ngyen Thi

Kapitel V Planübung "Popkonzert in der Max-Schmeling-Halle"

Abkürzungsverzeichnis

AGB	Allgemeine Geschäftsbedingungen
BetrVG	Betriebsverfassungsgesetz
BewachV	Verordnung über das Bewachungsgewerbe
BGB	Bürgerliches Gesetzbuch
BGV C 7	Unfallverhütungsvorschrift Wach- und Sicherungs-dienste
BIMSchV	Bundesimmissionsschutzverordnung
BKA	Bundeskriminalamt
BverfGE	Bundesverfassungsgerichtentscheidung
EA	Einsatzabschnitt
EL	Einsatzleiter
EZ	Einsatzzentrale
GewO	Gewerbeordnung
GG	Grundgesetz
GL	Gruppenleiter
km / h	Stundenkilometer
LKA	Landeskriminalamt
LKW	Lastkraftwagen
SiMa	Sicherheitsmanagement
SMA	Sicherheitsmitarbeiter
T	Tonnen
VA	Veranstaltung / Veranstalter
WaffG	Waffengesetz
ZBV	Zur besonderen Verwendung

Aus Gründen der besseren Lesbarkeit wurden ausschließlich männliche Personen- und Funktionsbezeichnungen gewählt. Sie gelten jedoch sinngemäß und gleichermaßen auch für Frauen.

Vorwort

Die Vermittlung von Kompetenzen zur Planung und Durchführung lageorientierter Sicherheitseinsätze ist ein Bestandteil im Studiengang „Sicherheitsmanagement". Dies setzt die Kenntnis von Grundlagen voraus, die von allen Beteiligten beherrscht werden müssen und für das Gelingen der Lehrveranstaltung unbedingt erforderlich sind. Die nachfolgenden Kapitel gehen auf diese Details nicht ein, sondern sollen die Vorbereitung und Durchführung einer Planübung beschreiben. Anhand von vier sehr umfassenden Beispielen soll exemplarisch der Aufbau und Inhalt einer Planübung aufgezeigt werden. Die Planübungen im Kapitel III und IV enthalten auch Auszüge von Anlagen einer Planübung, die zur Lösung der Szenarien benötigt werden.

Der besondere Vorteil in der Planübung ist in der Komplexität der Aufgabenbewältigung zu sehen. Die alltäglichen Lebenssachverhalte lassen keinen Raum für einseitige, auf Studienfächer beschränkte Lösungen zu. Vielmehr ist ein mehrdimensionales, vernetztes Denken erforderlich, um einsatztaktische Probleme erfolgreich bewältigen zu können. Darüber hinaus stehen gerade Berufsanfänger ohne praktische Erfahrungen erstmals vor der Aufgabe einen Auftrag planen und „durchführen" zu müssen. Hierzu soll das Buch eine Hilfestellung geben. Die Planübungen sind im Studiengang Sicherheitsmanagement von den Studentinnen und Studenten **Steffen Bürger, Manuela Daniel, Sascha Göhlert, Anett Grasnick, Andrea Heß, Marc Johne, Katrin Jürges, Edward Kanitz, Sebastian Lehmann, Stephanie Lehmann, Sebastian Noetzel, Simon Pagel, Stefan Pauly, Jens Piest, Katerina Radtke, Jutta C. Reiter, Juliane Riemer, Tomke Rödenbeck, Lukas Rynski, Jörg Sobisch, Martin Tabor, Thu Thuy Ngyen Thi, Hasibe Turhan und Anne-Kathrin Zehmke** erarbeitet worden. Ein besonderer Dank gilt auch den Verantwortlichen an der Fachhochschule für Verwaltung und Rechtspflege Berlin, die diese Veröffentlichung unterstützt und ermöglicht haben.

Marcel Kuhlmey, Dezember 2007

Kapitel I   Grundlagen der Planübung

von Marcel Kuhlmey

1   Einleitung

Die Planübung ist vor mehreren Jahrhunderten im militärischen Bereich entwickelt worden und dient bis in die heutige Zeit hinein zur Ausbildung von Führungskräften auf allen Ebenen. Selbstverständlich unterlag sie über diesen Zeitraum vielfachen Veränderungen. Die gewonnenen Erfahrungen hat sich auch die Deutsche Polizei zum Nutzen gemacht und führt Planübungen an den Fachhochschulen der Länder und des Bundes sowie an der Deutschen Hochschule der Polizei (in Gründung) durch. Gleiches gilt für das Militär, für die Feuerwehren und die Organisationen des Katastrophenschutzes. Die Planübung eröffnet die Möglichkeit das in der Lehre vermittelte Wissen praxisnah anzuwenden. Die Studierenden können ihre theoretisch erworbenen Kenntnisse über die Einsatzdurchführung bei den unterschiedlichsten Anlässen anwenden. Hierbei sind sie nicht nur erstmal vor dem Eintritt in das Berufsleben mit einer umfangreichen Einsatzvorbereitung betraut, sondern lernen auch mit Problemen umzugehen, mit denen sie bei der Einsatzdurchführung konfrontiert werden können. Insofern ist die Durchführung von Planübungen im Studiengang Sicherheitsmanagement ein geeignetes Mittel, um die Planung und Durchführung von lageorientierten Sicherheitseinsätzen vertiefend zu vermitteln.

Zunächst soll im Kapitel I die Struktur einer Planübung skizziert und im Einzelnen erläutert werden. Die dann sich anschließenden Kapitel enthalten Beispiele für durchzuführende Planübungen im Bereich des Sicherheitsmanagements, die mit den Studenten erarbeitet wurden.

2   Ziele der Planübung

In erster Linie dient die Planübung der Vermittlung des richtigen Handelns von Führungskräften bei der Planung und Einsatzdurchführung. Diese sollte unter möglichst authentischen Bedingungen stattfinden. Im Vorfeld der Planübung sind die Ziele und Lerninhalte, die zu vermitteln sind, genau zu analysieren und zu definieren.

Die Studierenden sollen nicht nur ihre Kenntnisse über lageorientierte Sicherheitseinsätze, sondern auch die in anderen Studienfächern erworbenen Kompetenzen ganzheitlich und interdisziplinär auf komplexe Sachverhalte anwenden lernen. Das Ziel muss bereits zu Beginn der Vorbereitung deutlich sein, weil es von elementarer Bedeutung für die Planung und das Gelingen der Planübung ist. Hierbei können unterschiedliche Schwerpunkte gesetzt werden wie beispielsweise

- Schulung des Entscheidungsfindungsprozesses (Risikoanalyse, Szenario-technik, Beurteilung der Lage)
- Schulung der allgemeinen und besonderen Einsatzgrundsätze
- Schulung in der Einsatzvorbereitung
- Schulung und Anleitung zum systematischen und taktischen Handeln bei lageorientierten Sicherheitseinsätzen
- Anwendung von Rechtsvorschriften während eines Einsatzes sowie
- Anwendung von Führungsgrundsätzen.

Mit der Durchführung der Planübung soll das richtige Verhalten der Führungskräfte geübt werden. Die Übenden sollen in die Lage versetzt werden, in kürzester Zeit ihr theoretisch erworbenes Wissen mit praktischen Lagen zu verknüpfen, um dadurch nachvollziehbare Lösungen anbieten zu können.

Darüber hinaus haben die Studenten die Möglichkeit, dass sie in einer Art „Laborsituation" ihr Handeln und deren Auswirkungen ausprobieren können ohne Sanktionen befürchten zu müssen.

3 Bedeutung der Planübung für das Studium

Eine Vielzahl der Studenten hatte vor Beginn des Studiums keine oder nur sehr geringe Berührungspunkte mit der Planung und Durchführung von lageorientierten Einsätzen. Die Planübung eröffnet ihnen die Möglichkeit ihr fachliches Wissen anzuwenden und zugleich zu prüfen, ob dieses ausreichend für ihre zukünftige Tätigkeit ist. Die Studenten, die die Übungsleitung und somit die Vorbereitung übernehmen, erfahren in aller Regel erstmals wie komplex, umfangreich und zeitintensiv sich eine Einsatzdurchführung gestalten kann.

Der „gespielte" Einsatz mit den von der Übungsleitung geplanten besonderen Ereignissen (Szenarien) stellt sie erstmal vor die Situation innerhalb kürzester Zeit Entscheidungen treffen zu müssen, die einer Begründung bedürfen. Anders als in der Praxis besteht bei einer Planübung die Möglichkeit die getroffenen Entscheidungen sofort auszuwerten, Vor- und Nachteile darzustellen sowie Alternativvorschläge in der Gruppe zu diskutieren.

Die Planung und Durchführung einer Planübung setzt jedoch die vorherige Vermittlung von Grundkenntnissen voraus. Insofern ist eine Planübung erst zum Ende eines Studiums bzw. nach der Vermittlung von Grundlagen sinnvoll und auch erst dann von den Studenten leistbar.

4   Thematische Schwerpunkte

Die Durchführung von mehreren Planübungen innerhalb einer Studiengruppe sollte thematisch in der Form gestaltet sein, dass die künftigen Handlungsfelder möglichst abgedeckt sind. Themen können sein

- wirtschaftliche und kulturelle Veranstaltungen
- Personenschutzmaßnahmen
- Objektschutzmaßnahmen

Durch die Themenvielfalt erweitern sie ihren Erfahrungshorizont und ihnen werden die individuellen Problembereiche aufgezeigt, die sich mit jedem Handlungsfeld verändern.

5   Gliederung der Planübung

5.1   Allgemeines

Die Gliederung einer Planübung ist nicht fest vorgeschrieben, sondern orientiert sich an sachlichen Gesichtspunkten. Es hat sich jedoch gezeigt, dass die nachfolgenden Inhalte wichtige Informationen zur Durchführung darstellen. Diese Gliederung dient daher nur als Anhalt für die Vorbereitung und Durchführung. Dies wird auch bei den nachfolgenden Kapiteln deutlich.

1   Allgemeines

1.1   Übungsthema
1.2   Ort und Zeit der Planübung
1.3   Teilnehmer der Planübung
1.4   Ausbildungsleiter der Planübung
1.5   Übungsleitung
1.6   Übungsleiter
1.7   Mitarbeiter der Übungsleitung
1.8   Ziele der Planübung

2   Übungslage

2.1   Allgemeine Lage
2.2   Besondere Lage
2.3   Hinweise zur Übungslage

5.2 Übungsthema

Das gewählte Thema für die Planübung ist voranzustellen (z.B. Objektschutzmaßnahmen anlässlich ..., Thema einer konkreten Veranstaltung etc.). Es ist im Vorfeld mit dem Dozenten abzustimmen und inhaltlich zu erörtern.

5.3 Ort und Zeit der Planübung

Dieser Gliederungspunkt legt den Ort der Planübung sowie deren Beginn fest.

Der Ort der Planübung muss ausreichend Platz bieten, so dass die Teilnehmer an der Planübung, die Übungsleitung und die Ausbildungsleitung jeweils getrennt von einander sitzen. Dies dient der Nachstellung einer möglichst realistischen Einsatzsituation und vermeidet Störungen bei der Aufgabenerledigung.

Um die Leistung der Studierenden darzustellen sowie auch den Informationsaustausch zwischen Praxis und Lehre anzuregen, können Gäste eingeladen werden. Die Gäste sollten in den Fachgebieten arbeiten, deren Schwerpunkt die Planübung behandelt. Sie können durch ihre praktischen Erfahrungen zur Problemlösung beitragen. Ihre Beteiligung ist daher ausdrücklich erwünscht.

Die Dauer der Planübung sollte mindestens sechs Unterrichtsstunden umfassen. In Einzelfällen sind auch kürzere Zeitansätze denkbar. Dieser Umstand ist jedoch bei der Vorbereitung zu berücksichtigen und bedarf einer entsprechenden Kürzung der Anzahl der Szenarien.

5.4 Teilnehmer der Planübung

In der Vorbereitungsphase sollten auf der Grundlage der gewählten Organisationsstruktur des Einsatzes und unter Berücksichtigung der Übungslage die zu schulenden Positionen festgelegt werden (z. B. Einsatzleiter, Einsatzabschnittsleiter Außenschutz, Einsatzabschnittsleiter Innenschutz etc.).

Es ist nicht zwingend, dass alle Führungspositionen von den Studierenden zu besetzten sind. Dies ist insbesondere abhängig von der Übungslage und dem zur Verfügung stehenden Zeitansatz. Um möglichst alle Studierenden in die Planübung einzubeziehen, ist es empfehlenswert nach Abschluss von Übungsphasen einen Führungswechsel durchzuführen.

5.5 Ausbildungsleiter der Planübung

Bei dem Ausbildungsleiter handelt es sich um denjenigen, der für die Lehrveranstaltung verantwortlich ist. Er ist in die Vorbereitung einzubeziehen, um einen größtmöglichen Erfolg der Planübung zu gewährleisten. Insofern ist er der Ansprechpartner für die Übungsleitung und für die fachliche Beratung verantwortlich.

5.6 Übungsleiter

Bei dem Übungsleiter sollte es sich um einen Studenten handeln, der gute Leistungen zeigt und in der Lage ist kritisch die Arbeitsergebnisse anzusprechen sowie zu beurteilen. Darüber hinaus sollte er die Fähigkeit besitzen auf die Lageentwicklungen flexibel zu reagieren. Nach jeder absolvierten Übungsleistung hat er die präsentierten Ergebnisse der Teilnehmer auszuwerten. Hierbei sollte er insbesondere darauf eingehen, ob

- die taktischen Grundsätze beachtet wurden,
- die rechtlichen Vorschriften Berücksichtigung fanden und richtig angewandt wurden,
- die Auswirkungen des Handelns richtig eingeschätzt wurden und den Umständen nach angemessen waren.

Sofern die Übungsleitung bei der Vorbereitung zu einem anderen Ergebnis einer Lösung gekommen ist, muss diese als Alternativvorschlag den Teilnehmern vorgestellt und begründet werden.
Darüber hinaus moderiert der Übungsleiter die Planübung.

5.7 Mitarbeiter der Übungsleitung

Die Vorbereitung und Durchführung der Planübung ist inhaltlich sowie organisatorisch nicht allein durch den Übungsleiter leistbar. Dieser ist daher durch Mitarbeiter der Übungsleitung zu unterstützen. Sie bereiten die Planübung gemeinsam mit dem Übungsleiter vor, begleiten sowie protokollieren diese und sind bei der Nachbereitung behilflich.

6 Übungslage

Die Übungslage sollte sich an einen tatsächlichen Einsatzanlass aus der Vergangenheit anlehnen oder diesen aufbereiten. Sie gliedert sich in die allgemeine und die besondere Lage. Der ausgewählte Einsatzanlass und der Umfang sollten der Funktion entsprechen, die die Studierenden nach Abschluss des Studiums in aller Regel übertragen bekommen. Insofern sind überdimensionierte Übungslagen mit einem hohen Kräfteeinsatz zu vermeiden.
Die Darstellung der Übungslage sollte so kurz wie möglich erfolgen. Sie muss aber dennoch alle Aspekte beinhalten, die es den Übungsteilnehmern ermöglicht den Geschehensablauf nachzuvollziehen, um entsprechende Entscheidungen und Maßnahmen treffen zu können. Dies beinhaltet auch die vorherige Festlegung und Vermittlung der Organisationsstruktur des Unternehmens im privaten Wach- und Sicherheitsgewerbe, da der Aufbau je nach Betrieb stark differieren kann.

Zu berücksichtigen ist bei der Auswahl der Übungslage, dass sie auch geeignet ist die Ziele der Übung zu erreichen. Die Studierenden sollen die Möglichkeit erhalten, das im Studium vermittelte Wissen anzuwenden.

Grundsätzlich lässt eine praxisnahe Übung eine statische Lage nicht zu, da sie kein realistisches Abbild eines Einsatzes darstellt. Vielmehr ist diese während der Übung fortzuschreiben und mit besonderen Ereignissen zu versehen, die dann von den Studierenden zu lösen sind.

Der gedachte Verlauf der Übung ist im Vorfeld durch die Übungsleitung zu skizzieren und mit dem zeitlichen Ablauf darzustellen. Da es sich nur um einen gedachten Verlauf handelt, sind Abweichungen durchaus möglich. Dies kann gerade dann von Bedeutung sein, wenn bestimmte Lösungen intensiv nachzubereiten sind oder aufgrund der individuellen Lösungen der Studierenden die Sinnhaftigkeit und die Logik des im Vorfeld festgelegten gedachten Verlaufs in Frage stellen. Es ist daher ratsam, mehr Szenarien vorzubereiten als tatsächlich zeitlich zu bewältigen sind. Dies ermöglicht eine größere Flexibilität in der Übungsdurchführung. Diese zusätzlichen Aufgaben erscheinen jedoch nicht im gedachten Übungsverlauf der Übungsleitung, sondern sind separat vorzuhalten.

Da die strukturellen und organisatorischen Bedingungen zwischen den einzelnen Unternehmen stark differieren, muss eine Organisationsform für das darzustellende Unternehmen ausgewählt und im Vorfeld erläutert werden. Dies gilt gleichermaßen für den Sprachgebrauch. Während die Behörden mit Sicherheits- und Ordnungsaufgaben bundesweit einen weitestgehend gleichen Sprachgebrauch haben, ist dies leider im Bereich des privaten Wach- und Sicherheitsgewerbes nicht der Fall. Insofern sind die während der Planübung verwendeten Begriffe zu erläutern.

6.1 Übungsverlauf / besondere Ereignisse (Szenarien)

Von der Übungsleitung sind alle besonderen Ereignisse mit entsprechenden Aufgabenstellungen zu verbinden. Die Übungsleitung muss die erwarteten Lösungen im Vorfeld erarbeiten. Sie dienen als Grundlage für die Nachbereitung.

Die jeweiligen Aufgabenstellungen können in unterschiedlicher Weise sofort oder nach einer bestimmten Zeit präsentiert werden. Es ist durchaus zulässig sowohl Einzelleistungen als auch Gruppenleistungen abzuprüfen. Diese Entscheidung sollte sich an dem Aspekt der Praxisnähe orientieren. Sind sofortige Entscheidungen auch in der Realität erforderlich, so ist die Aufgabe entsprechend zu stellen. Lässt hingegen die Situation eine eingehende Beratung zu, so kann die Problemlösung auch in der Gruppe erfolgen. Die Vorstellung erfolgt dann durch einen von der Gruppe benannten Studenten bzw. durch denjenigen der eine entsprechende Funktion ausübt.

Das besondere Ereignis (Szenario) ist beendet, wenn die Störung oder Gefahr beseitigt ist.

Den Teilnehmern an der Planübung sind für die Lösung und Präsentation ihrer Arbeitsergebnisse die erforderlichen Arbeitsmaterialien zur Verfügung zu stellen (z. B. Gesetzestexte, Fachliteratur, mehrere PC mit einem Beamer, Flipchart etc.).

6.2 Übungsunterlagen

Es sind allen Studenten die Übungsunterlagen (siehe 1.) vor dem Beginn der Planübung auszuhändigen. Darüber hinaus muss ein Übungshandbuch für die Übungsleitung und den Ausbildungsleiter angefertigt werden. Dieses umfasst alle zuvor erstellten „besonderen Ereignisse" mit den Lösungen, den gedachten Übungsverlauf sowie eine Einsatzanordnung mit folgender Gliederung:

1	Lage
1.1	Allgemeine Lage
1.2	Besondere Lage
2	Auftrag
3	Kräfte, Führungs- und Einsatzmittel
4	Einzelaufträge
5	Ergänzende Hinweise

Als Anlagen sind - sofern für den Einsatz erforderlich und rechtlich notwendig - beizufügen:

A	–	Kommunikationsplan
B	–	Alarmierungsplan
C	–	Karten und Lagepläne
D	–	Dienstanweisungen für die jeweils auszuführenden Funktionen mit den Unfallverhütungsvorschriften.

Kartenmaterial und Lagepläne, die für die Durchführung der Planübung erforderlich sind, müssen allen Studierenden zur Verfügung stehen. Zweckmäßig ist die Visualisierung für alle Teilnehmer.

6.3   Protokollierung

Die Übungsleitung hat den Übungsverlauf während der Planübung zu protokollieren. Dies kann stichpunktartig in tabellarischer Form (Abbildung 1) erfolgen.

Ereignis	Erwartete Maßnahmen	Getroffene Maßnahmen	Bewertung

Abbildung 1: Protokoll

Die Lösungen der Übungsteilnehmer sind während der Übung – sofern es nicht der Natur nach widersprüchlich ist – schriftlich anzufertigen und dem Protokoll beizufügen. Die Protokollierung ist die Grundlage für die zum Ende durchzuführende Abschlussbesprechung der Planübung.

Kapitel II   Planübung „Veranstaltung"

von Steffen Bürger, Marc Johne, Katrin Jürges, Stephanie Lehmann, Juliane Riemer und Hasibe Turhan

1   Einleitung

Die Sicherheitsfirma „SiMa" wurde beauftragt das am 07.07.2007 stattfindende Tokio Motel Konzert in der Waldbühne Berlin in allen sicherheitsrelevanten Aspekten zu betreuen.

In diesem Zusammenhang entwickelte unser Unternehmen ein umfassendes Sicherheitskonzept, welches den reibungslosen Ablauf der Veranstaltung garantieren soll.

2   Lagedarstellung

2.1   Allgemeine Lage

Die Waldbühne Berlin befindet sich im Bezirk Charlottenburg-Wilmersdorf, westlich des Olympiageländes und bietet Platz für 22.000 Zuschauer.

Als Freiluftarena liegt sie neben dem Olympiastadion und dem Aussichtsturm "Glockenturm" und wird durch Wald und Morellenberge eingebettet, welches gleichzeitig als optische und akustische Abgrenzung dient.

Östlich der Bühne schließen sich die zum Olympiakomplex gehörenden Gebäude des Maifeldes, der Langemarckhalle und des Glockenturms an.

Die Walbühne ist in 11 Blöcke gegliedert, ihr Aufbau umfasst 88 Stufen, wobei der Höhenunterschied zwischen der ersten und letzten Stufe 30 m beträgt.

Die Lage am Waldrand bietet eine Verkehrsanbindung durch die S-Bahn (Haltestelle Pichelsberg) und der Buslinie A18.

Die kürzeste Anbindung zum „Paulinen Krankenhaus" (Dickensweg 25-39) führt über die Passenheimerstraße.

2.2   Besondere Lage

Der Veranstalter erwartet ca. 10.000 Besucher.

Das Fanklientel ist größtenteils weiblich und umfasst die Altersgruppen 10 – 17 Jahre.

Aufgrund hoher emotionaler Anspannung ist mit Hysterie und kollabierenden Fans zu rechnen.

Aus den Erfahrungen vergangener Konzerte ist davon auszugehen, dass die Anreise der Fans bereits 2 Tage vor der Veranstaltung erfolgt.

Zum angegebenen Datum wird mit Temperaturen bis zu 30 Grad gerechnet sowie einer hohen Unwetterwahrscheinlichkeit.

Unsere gestellten Personalressourcen umfassen einen Personenkreis von 100 - 150 Mitarbeitern (inkl. Reserve).

3 Auftrag

Das Unternehmen „concert GmbH" beauftragte uns das Konzert von Tokio Motel (07.07.2007) in der Waldbühne Berlin sicherheitsorientiert zu betreuen.

In diesem Zusammenhang stellt der Auftraggeber folgende Forderungen:

- Reibungsloser Verlauf der Veranstaltung (vor, während und nach dem Konzert)
- Qualifiziertes Personal gemäß § 34a der Gewerbeordnung
- Das Erstellen einer Risikoanalyse, sowie die darauf basierende Erarbeitung eines umfassenden Sicherheitskonzeptes
- Einhaltung aller gesetzlichen Rahmenbestimmungen
- Durchführung eines geordneten Einlasses (Bodycheck und Taschenkontrolle; siehe Veranstaltung)
- Sicherung der Flucht- und Rettungswege und Feuerwehrzufahrten
- Bereitstellen medizinischer Erstversorgung (Sanitäter, Notarzt, Rettungswagen und psychologischer Betreuung)
- Festlegung von medizinischen Versorgungsstandorten

4 Bedrohungen

Eine Bedrohung der Rechtsgüter:

- Eigentum
- Recht auf körperliche Unversehrtheit

ist nicht auszuschließen bzw. denkbar.

5 Behörden

- Paulinenkrankenhaus
  Die kürzeste Anbindung zum „Paulinen Krankenhaus" (Dickensweg 25-39) führt über die Passenheimerstraße
- Malteser Krankenhaus
  Südlich die Passenheimerstraße entlang in östlicher Richtung auf die B2 und B5.
- Polizei
- Feuerwehr
- Sorgentelefon

6 Besucher/Gäste

Unterschiedliche Sicherheitswahrnehmung der Gäste

7 Gefahren

Gefahren und Szenarien/Gefährdungsprognose		
Panik	6-7	mittlere Wahrscheinlichkeit
Kollabieren Einzelner in der Masse	10	sehr hohe Wahrscheinlichkeit
Unwetter	5	wahrscheinlich
Technischer Defekt	2	eher nicht Wahrscheinlich
Statischer Defekt	1	unwahrscheinlich
Tokio Motel Gegner	4	eher Wahrscheinlich

Da ein ständiger Kontakt zu der Berliner Wetterbehörde besteht, wird bei einer hohen Wahrscheinlichkeit von Unwetter ein Krisenstab eingerichtet. Dieser besteht aus Ansprechpartnern der Polizei, der Feuerwehr sowie der Senatsverwaltung für Inneres und Sport.

8 Rechtliche Rahmenbedingungen

8.1 Hausrecht, Jedermannsrechte und übertragende Rechte

Das Hausrecht erhält Schutz durch die Strafrechtsnorm des Hausfriedenbruchs (§123 StGB). Die im BGB geregelten Vorschriften über Eigentum und Besitz legen die aus dem Hausrecht ableitbaren Abwehransprüche und Selbsthilferechte dar.

Das Handeln der eingesetzten Mitarbeiter kann sich bei Vorliegen der rechtlichen Voraussetzungen auf folgende Bestimmungen stützen:

§ 127 Abs.1 StPO	Vorläufige Festnahme,
§ 227 BGB	Notwehr
§ 228 BGB	Notstand
§ 229 BGB	Selbsthilferecht

§ 859 Abs. 1 BGB	Selbsthilfe des Besitzers
§ 860 BGB	Selbsthilfe des Besitzdieners
§ 862 BGB	Anspruch wegen Besitzstörung

8.2 Grenzüberschreitung

- Das Hausrecht gilt bis zur Bordsteinkante des Veranstaltungsortes
- Wahrnehmung von Rechten außerhalb des eigenen rechtlichen Geltungsbereiches
- Körperverletzung § 223 StGB

8.3 Grenzenverletzung

- liegt vor, wenn die Maßnahmen nicht dem Grundsatz der Verhältnismäßigkeit entsprechen
- bei einem Verstoß gegen das Waffengesetz
- im Falle der Nötigung gem. § 240 StGB

9 Information und Kommunikation

- Notruf (Polizei, Rettungsdienst)
- Feuerwehr

Funkpläne: Funk intern

- Kommunikationszentrale zur Erreichbarkeit der nächsten Ansprechpartner (Sanitäter, Vorgesetzter, Polizei , Feuerwehr; Veranstalter usw.)
- Erstellen eines Informations- und Kommunikationsplanes zur graphischen Darstellung aller relevanten Positionen/Personen mit entsprechender Weisungsbefugnis

10 Veranstaltung

Die Besucherzahl beträgt nach ersten Einschätzungen ca. 10.000 Gäste.

10.1 Zeit

- Samstag, den 07.07.2007, Sommer
- Einsatzdauer zwischen 14.00 Uhr und 0.00 Uhr, Lichtverhältnisse variieren bzw. werden mit zunehmender Dunkelheit schlechter, so dass ein Einsatz von Flutlichtern zu erwägen ist.
- Gegebenenfalls Einsatz eines Zweischichtsystems zur Gewährleistung der Sicherheit
- Einsatz von Hundeführern

10.2 Zielsetzung / taktische Ziele

- Gewährleistung eines störungsfreien Ablaufs
- Verhinderung von Straftaten und Störungen
- Gewährleistung eines geordneten Zu- und Abstromes der Besucher
- Überwachung der Einhaltung von Auflagen (z.B. Jugendschutzgesetz, Umweltschutzgesetz)
- Gefährdung unbeteiligter Personen ausschließen
- Entstandene Schäden gering halten
- Einsatzmaßnahmen der Rettungskräfte ermöglichen
- Beachtung der Leitlinien des Auftraggebers

10.3 Einlass

Bodycheck, Taschenkontrolle (nicht erlaubt: Waffen und waffenähnliche Gegenstände, Glasflaschen, PET über 0,5 Liter, Alkohol, Spiegelreflexkameras oder Videoaufzeichnungsgeräte und Deosprays).

10.4 Zu erwartende Störungen

- Kollabieren von Fans
- Hysterie
- Gewitter/Hagel

10.5 Gegenmaßnahmen

- ausreichende medizinische Versorgung
- Bereitstellung von Trinkwasser

10.6 Verkehr

- Ordnereinsatz, um Verkehrsbehinderungen gering zu halten
- Gewährleistung ausreichender Parkmöglichkeiten
- Einsatz zusätzlicher Sonderzüge (DB, BVG) zur Verhinderung von Störungen des Verkehrsnetzes

- Ausreichende Einrichtung von Not- und Rettungswegen bzw. An- und Abmarschwegen

10.7 Wetter

- Vermutet wird eine Temperatur von ca. 30 Grad, hohe Luftfeuchtigkeit
- entsprechende Unwetter/Gewitter sind zu erwarten, eventuell Hagelschauer

10.8 Umweltschutz

- Bundesemissionsschutzgesetz (Lärmschutz)
- Gewährleistung des Denkmalschutzes

11 Entschlussfassung

Am 07.07.2007 ist das in der Waldbühne stattfindende Tokio Motel Konzert mit erwarteten 10.000 Besuchern im definierten Zeitraum von 14.00 – 00.00 Uhr zu sichern. Die Teilnehmer sind vor veranstaltungstypischen Gefahren zu schützen und ein reibungsloser Veranstaltungsablauf ist zu gewährleisten.

Das Veranstaltungsareal wird in folgende Einsatzbereiche gegliedert:

A. Außenschutz
B. Innenschutz
C. Bühnenschutz
D. Reserve

Die beanspruchten Personalressourcen betragen inklusive der Reserve die Anzahl von 140 Mitarbeitern.

A. Außenschutz

Der Außenschutz besteht aus zwei Bereichen, wobei jeder Bereich durch einen Supervisor koordiniert wird.
Zu den wahrzunehmenden Aufgaben gehören:

- Objektschutz ab 14.00 bis 22.00 Uhr
- reibungsloser Einlassverlauf ab 16.00 bis 20.00 Uhr
- Wahrnehmung des Hausrechts sowie der Informationsbereitstellung

B. Innenschutz

Der Innenschutz besteht aus 4 Bereichen wobei jeder Bereich durch einen Supervisor koordiniert wird.

Zu den wahrzunehmenden Aufgaben gehören:

- die Gewährleistung eines störungsfreien Konzertverlaufs ab 18.00 bis 22.00 Uhr
- die Freihaltung der Flucht- und Rettungswege
- die Aufklärung im Veranstaltungsinneren, um Gefahren und Risiken rechtzeitig zu erkennen
- Koordinierung eines sicheren Abstroms nach Konzertende
- Wahrnehmung des Hausrechts sowie der Informationsbereitstellung

C. Bühnenschutz

Der Bühnenschutz besteht aus zwei Bereichen wobei jeder Bereich durch einen Supervisor koordiniert wird.
Zu den wahrzunehmenden Aufgaben gehören:

- die Gewährleistung eines störungsfreien Konzertverlaufs ab 18.00 bis 22.00 Uhr
- der Schutz des Bühnen- und Backstagebereichs
- die Gewährleistung des sicheren Zu- und Ablaufs der Interpreten
- der Schutz vorhandenen Equipments
- die Wahrnehmung des Hausrechts sowie der Informationsbereitstellung

D. Reserve

Die Reserve wird von einem Supervisor koordiniert. Sie steht in ständigem Informationsaustausch mit den benachbarten Bereichen, um Personalengpässe zu erkennen und nach Zustimmung des Einsatzleiters zu besetzen. Die Quartierung der Reserve erfolgt ab 16.00 Uhr im Backstagebereich.

11.1 Organigramm

Basierend auf der Entschlussfassung ist folgendes Organigramm erstellt worden:

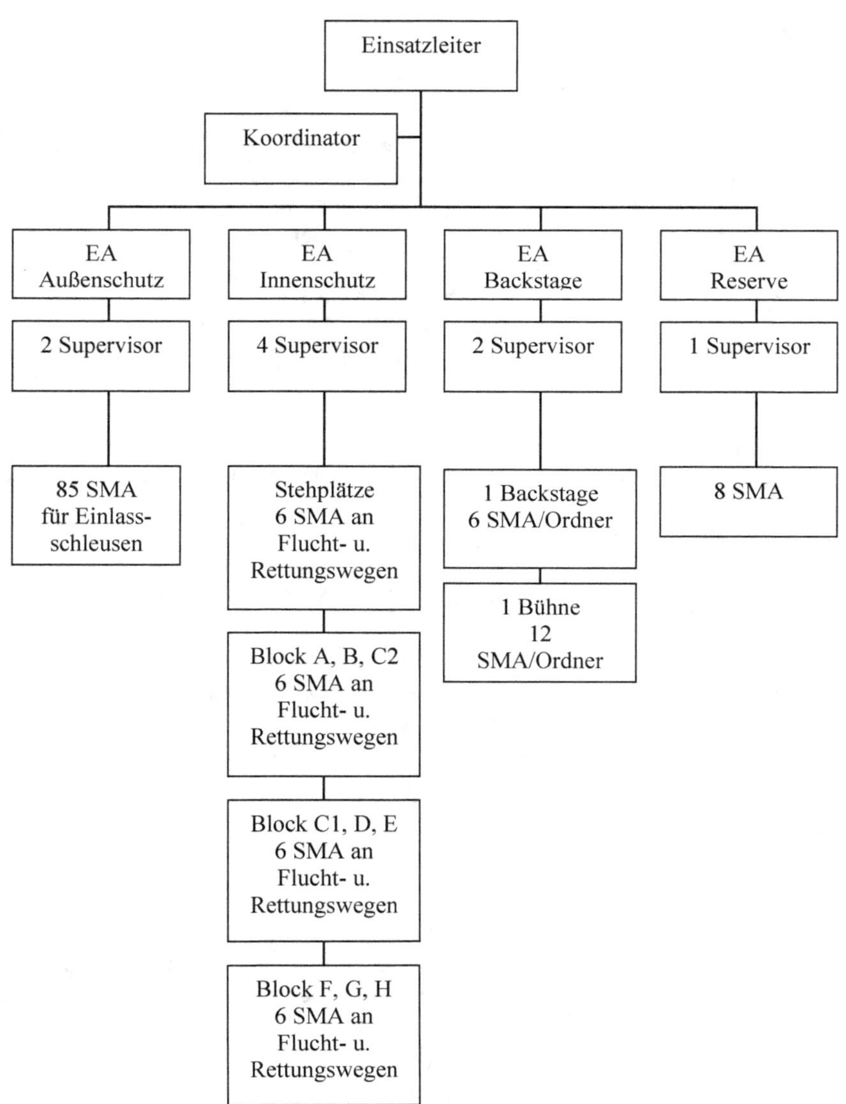

11.2 Organisation

- Ab 14.00 Uhr ist eine Einsatzzentrale mit den Führungsorganen aus Einsatzleiter und Koordinator, zentrale Ansprechperson der Polizei sowie zentrale Ansprechperson der medizinischen Erstversorgung zu besetzen.

- Die Mitarbeiter der medizinischen Erstversorgung sind in einem am Bühnenbereich stationären Sanitätszelt unterzubringen.

- Die Polizeikräfte positionieren sich im öffentlichen Bereich vor dem Veranstaltungsgelände. Bei Bedarf stehen sie als Amtshelfer für den Inneren Veranstaltungsbereich zur Verfügung, um die Sicherheitskräfte zu unterstützen und ggf. hoheitliche Aufgaben wahrzunehmen.

- Während der gesamten Veranstaltungszeit sind wiederkehrend Informationen des Verlaufs durch die Supervisor an den Koordinator zu geben, um ein hohes Niveau an Informationsdichte zu gewährleisten.

12 Durchführungsplan

siehe 16 – Anhang

13 Einsatzkonzeption

13.1 Allgemeine und besondere Lage

Am 07.07.2007 findet in der Waldbühne Berlin das Konzert der Band Tokio Motel statt. Es werden ca. 10.000 hauptsächlich weibliche Fans im Alter zwischen 10-17 Jahren erwartet. Durch die emotionale Anspannung der zahlreichen Besucher sind Störungen während der Veranstaltung zu erwarten. Zusätzlich stellen wetterbedingte Situationen ein Risiko dar, besonders durch hohe sommerliche Temperaturen und eine erhöhte Unwetterwahrscheinlichkeit.

Bei größeren Schadensereignissen sind folgende Notrufnummern zu wählen:

Notarzt	112	(Paulinenkrankenhaus, Dickensweg 25-39)
Polizei	110	
Feuerwehr	112	

13.2 Auftrag

Der Auftraggeber „concert GmbH" wünscht einen reibungslosen Ablauf der Veranstaltung, der auf einer vorher durchgeführten Sicherheitsanalyse basiert. Das Anforderungsprofil zielt hierbei zunächst auf den Einsatz von sachkundigem Sicherheitspersonal und der Einhaltung aller gesetzlich vorgegebenen Rahmenbedingungen ab. Im Besonderen soll die Durchführung eines geordneten Einlasses, die Freihaltung der Flucht- und Rettungswege sowie die Gewährleistung der medizinischen Erstversorgung ermöglicht werden.

13.3 Bereitzustellende Kräfte

Die eingeplanten 140 Mitarbeiter werden der quantitativen Anforderungen entsprechend auf die Bereiche Außenschutz, Innenschutz, Bühnenschutz und Reserve aufgeteilt und mit einer Funkverbindung ausgestattet.

13.4 Einsatzleiter

Koordination und Überwachung des eingesetzten Personals.

13.5 Einsatzkräfte

Sicherung und Kontrolle der Lage, um ein angemessenes Schutzniveau zu gewährleisten (Tätigkeiten am Einlass, Kontrollgänge im Innen- und Randbereich des Veranstaltungsareals sowie eine sicherheitsorientierte Betreuung der Gäste).
Eine detaillierte Erläuterung ist dem Durchführungsplan zu entnehmen.

13.6 Einsatzziele

Unter besonderer Berücksichtigung der Leitlinien des Auftraggebers

- Gewährleistung eines reibungslosen und störungslosen Veranstaltungsverlaufs
- Schutz bedrohter Rechtsgüter / Eigentum
- Gewährleistung der körperlichen Unversehrtheit und der Freiheit des Einzelnen
- Durchsetzung der Hausordnung gegenüber den Besuchern

14 Maßnahmenkatalog

Der Maßnahmenkatalog ordnet die jeweils denkbaren und möglichen Störungen den erforderlichen Kompetenzen und Aufgabenbereichen zu.

Kompetenz 1 Privater Sicherheitsdienst	• Konflikte während der Einlasskontrolle • Alkoholisierte Gäste am Einlass oder in der Veranstaltung
Kompetenz 2 Privater Sicherheitsdienst mit Polizei	• Konflikte vor dem Veranstaltungsgelände • Verstöße gegen StGB (Hausfriedensbruch, Beleidigungen, Betrug, Körperverletzung, Sachbeschädigung) • Verstöße gegen das Waffengesetz • Verstöße gegen BTMG
Kompetenz 3 Privater Sicherheitsdienst mit Polizei und Rettungskräften	• Gefahr für Leib und Leben • Brand/Feuer • Einsturz (Bühne) • Massenpanik/Hysterie • Höhere Gewalt

14.1 Ablauforganisation

Kompetenz 1

Privater Sicherheitsdienst

Wer	Das zuständige Sicherheitspersonal gemäß § 34a GewO
Was	Sicherung und Kontrolle der Lage
Wann	Bei Vorfällen, welche den störungsfreien Ablauf der Veranstaltung beeinträchtigen
Wie	Deeskalation, sachliche Kompetenz und Wahrnehmung des Hausrechts unmittelbar im Bereich des Geschehens
Warum	um einen sicheren Verlauf der Veranstaltung zu gewährleisten und ein größtmögliches Schutzniveau zu bieten

Kompetenz 2

Privater Sicherheitsdienst mit Polizei

Wer	das zuständige Sicherheitspersonal gemäß § 34a GewO in Zusammenarbeit mit den angeforderten Polizeikräften
Was	Sicherung und Kontrolle der Lage
Wann	bei Vorfällen, welche den störungsfreien Ablauf der Veranstaltung beeinträchtigen oder einen strafrechtlichen Bezug haben
Wie	Deeskalation, sachliche Kompetenz und Wahrnehmung des Hausrechts in Zusammenarbeit mit der Polizei im Veranstaltungsraum
Wo	unmittelbar im Bereich des Geschehens
Warum	um ein sicheren Verlauf der Veranstaltung zu gewährleisten und ein größtmögliches Schutzniveau zu bieten

Kompetenz 3

Privater Sicherheitsdienst mit Polizei und Rettungskräften

Wer	Das zuständige Sicherheitspersonal gemäß § 34a GewO in Zusammenarbeit mit den angeforderten Polizei- und Rettungskräften
Was	Sicherung und Kontrolle der Lage Gewährleistung der medizinischen Erstversorgung Freihalten aller Flucht- und Rettungswege, um ein schnelles Erreichen der Einsatzkräfte zu ermöglichen
Wann	bei Vorfällen, welche den störungsfreien Ablauf der Veranstaltung beeinträchtigen sowie zu erwartende oder bereits entstandene Personenschäden
Wie	Deeskalation, schnelles und kompetentes Handeln aller Sicherheitskräfte, um die Situation möglichst schnell zu kontrollieren
Wo	am abgesperrten Ereignisort, Flucht- und Rettungswege, Zufahrten, Sanitätsbereiche, Ausgänge
Warum	um einen sicheren Verlauf der Veranstaltung zu gewährleisten und ein größtmögliches Schutzniveau zu bieten, Schutz für Leib und Leben zu gewährleisten sowie Gefahrenabwehr

14.2 Kommunikationshierarchie

Kompetenz 1	je nach Dauer der Situation ist bei Bestehen der Lage der jeweils vorgesetzte Mitarbeiter zu informieren
Kompetenz 2	bei Eintreten der Situation ist sofort der jeweils Vorgesetzte zu informieren
Kompetenz 3	bei Eintreten der Situation ist sofort der jeweils Vorgesetzte sowie das zuständige Rettungspersonal zu informieren nach Ermessen der Situation ist der Einsatzleiter sofort zu informieren

15 Szenarien

Als Einsatzleiter haben Sie die nachfolgenden Szenarien zu bewältigen. Stellen Sie Ihre Lösungen nach einer kurzen Bearbeitungszeit dar.

15.1 Szenario 1

Bereits am Abend des Vortages reisen erste Besucher vor den Toren der Waldbühne an und stimmen sich auf das Konzert ein. Aufgrund dessen werden ab 14.00 Uhr erste Sicherheitskräfte vor Ort eingesetzt, um die Eingänge des Veranstaltungsareals zu bewachen und eventuelle Betreuungsmaßnahmen der Fans vorzunehmen. Am darauf folgenden Tag gegen 15.00 Uhr erscheint auf der gegenüberliegenden Seite des Eingangs zur Waldbühne eine kleine Gruppe von Jugendlichen im Alter von 15 bis 20, die sich dort niederlässt und ein Plakat ausbreitet, das deutlich auf eine Tokio Motel feindliche Gesinnung der Gruppe schließen lässt. Da der Personenkreis bis 15.30 Uhr schnell bis auf ca. 50 Personen ansteigt, ist davon auszugehen, dass es sich um ein organisiertes Zusammentreffen handelt.

Lösung

Da mit einer Eskalation der Lage zu rechnen ist, beschließt der Einsatzleiter zwei SMA in zivil zur Aufklärung in das Gemenge zu integrieren. Zeitgleich ist die Polizei über die Situation und mögliche Gefahren zu informieren.

15.2 Szenario 2

Da zu beobachten ist, dass die Personengruppe Alkohol in hohen Mengen konsumiert, ist davon auszugehen, dass die Tokio Motel Gegner die Situation eskalieren lassen werden. Dies geschieht als gegen 16.00 Uhr der Einlass öffnet und zahlreiche Besucher zur Waldbühne kommen. Einzelne Besucher werden von den Personen über die Distanz der Straße hinweg wegen ihres Aussehens denunziert. Die anwesende Polizei weist die Störer zwar daraufhin, dass diese ihre Äußerungen zu unterlassen haben, was aber nur zu einer kurzzeitigen Beruhigung der Situation führt. Angestachelt durch den Andrang der Tokio Motel Fans und der Anwesenheit der Polizei, fangen die alkoholisierten Personen an die Tokio Motel Fans mit leeren Bierflaschen zu bewerfen.

Lösung

Da die Ausschreitung im öffentlichen Bereich stattfinden und Straftaten begangen werden (Verdacht der gefährlichen Körperverletzung, Landfriedensbruch etc.), liegt die Zuständigkeit bei der Polizei. Die Aufgabe des SMA besteht darin, identifizierte Störer im Eingangsbereich der Waldbühne durch Aussprache eines Hausverbotes von der Veranstaltung fern zu halten.

15.3 Szenario 3+4

Im Innenbereich der Waldbühne sind zum Zeitpunkt des Auftrittes der Vorband ab 18.00 Uhr keine Auffälligkeiten zu verzeichnen, da eine heitere und ausgelassene Stimmung herrscht. Alle SMA sind auf ihren vorgesehen Positionen und sorgen für einen reibungslosen Veranstaltungsablauf. Erst als um 20.00 Uhr das eigentliche Tokio Motel Konzert beginnt, heizt sich die Stimmung auf. Durch die jubelnde und tanzende Menschenmenge ist es schwer, mögliche Konfliktpotenziale bei den Fans schnellstmöglich auszumachen. Einem SMA fällt auf, dass ein Gast sich in ungewöhnlicher Weise in den Schritt greift und einen schwarzen Feuerwerkskörper mit offensichtlich polnischer Herkunft zieht. Er versucht diesen mit einem Feuerzeug zu entflammen. Noch bevor der SMA etwas dagegen unternehmen kann, wirft der entsprechende Gast den brennenden Knallkörper in eine Menschenmenge, mehrere Reihen vor ihm. Er beginnt langsam in Richtung Ausgang zu laufen. Kurz nach dem ersten Knall, explodieren auch an drei weiteren Stellen der Waldbühne in der Menge Knallkörper. In der dadurch entstehenden Panik versuchen die Täter in der Masse unterzutauchen und so zu verschwinden.

Lösung

Die SMA müssen unverzüglich den Vorfall dem Einsatzleiter melden. Dieser informiert umgehend die medizinische Erstversorgung sowie Polizei und koordiniert sie zum Ereignisort, welcher über die Rettungs- und Fluchtwege von den SMA freigehalten wird, um einen schnellst möglichen An- und Abtransport der Einsatz-kräfte zu gewährleisten.

Des Weiteren veranlasst er die vorläufige Festnahme, gemäß § 127 Abs. 1 StPO, der Täter bis zum Eintreffen der Polizei, da diese sich einer gefährlichen Körper-verletzung (§ 224 StGB) strafbar gemacht haben könnten. Nach Eintreffen der Polizei und der Übergabe der Täter ist unverzüglich ein Hausverbot auszusprechen. Um die angespannte Situation zu beruhigen, wird ein Ansagetext über die Laut-sprecher des Veranstaltungsareals durchgegeben. Die SMA werden für weitere Ausschreitungen sensibilisiert.

15.4 Szenario 5

Aufgrund eines ausbrechenden Gewitters, welches starke Regenfälle und andau-ernde Blitzeinschläge mit sich bringt, beschließt der Veranstalter in Abstimmung mit dem Einsatzleiter das Konzert aus Sicherheitsgründen vorzeitig zu beenden. Das Sicherheitsunternehmen bittet die Interpreten eine Durchsage mit der Auffor-derung zum Verlassen des Veranstaltungsarials zu verkünden. Des Weiteren wird um Verständnis für die Situation gebeten.

Lösung

Um die Situation zu bekräftigen, werden weitere Ansagetexte mit der Aufforderung zum Verlassen des Veranstaltungsarials durchgesagt. Um eine Gruppenbildung zu verhindern, wird der Veranstaltungsbereich unverzüglich (max. 20 min) mit einer entsprechenden Anzahl von SMA ab der Bühne, mit einem Absperrband von innen nach außen geräumt. Außerdem informiert der Einsatzleiter den zuständigen An-sprechpartner der Polizei über mögliche Ausschreitungen vor dem Veranstaltungs-gelände durch verärgerte Fangruppen zu verhindern. Nachdem der Großteil der Gäste den Veranstaltungsbereich verlassen hat, werden einzelne Bereiche, wie z.B. sanitäre Anlagen oder bewaldete Bereiche, separat durchsucht.

16   Anlage

Durchführungsplan

Anlass: Konzert Tokio Motel	**Einsatzleiter:** Steffen Bürger	**Kräfte:** 180 SMA
Stand: 07.07.2007	und **Koordinator:** Marc Johne	
Einsatzabschnitt:	**Einsatzabschitt 1**	**Einsatzabschitt 2**
Bereiche:	Außenschutz	Innenschutz
Supervisor / Abschnitte:	**Supervisor** Katrin Jürges / Einlassschleusen Joachim Kallweit / Zu- u. Ausfahr-ten	**Supervisor** Juliane Riemer / Stehplätze Hening Müller/ Block A,B,C1 Karsten Schulz / Block C2,D,E Michael Mayer / Block, F,G,H
Sicherheitsmitarbeiter:	87 SMA 20 Einangsschleusen je 4 SMA je 1 Blocker je 1 Kartenabreißer je 2 Einlasskontrolleur 5 Abgabe / Verwahrung 2 Hundeführer	24 SMA 6 SMA je Supervisor
MOZ:	**Personalraum, 14.00 Uhr**	**Personalraum, 14.00 Uhr**
Einzelauftrag:	Blocken des Ansturms Kontrolle der gültigen Tickets Bodycheck Taschenkontrolle Streifengänge im Außenbereich	Freihaltung der Flucht- und Rettungswege Zuweisung der Plätze Beobachtung der Gäste Wahrnehmung des Hausrechts

Einsatzabschnitt:	Einsatzabschnitt 1	Einsatzabschnitt 2
Bereiche:	Außenschutz	Innenschutz
Technische / Org. Maß-nahmen	Eventabsperrung	Eventabsperrung um Stehplätze
sonstige Maßnahmen:	16.00-18.00 Uhr volle personelle Kapazitätsauslas-tung am Einlass ab 16.00 Uhr Bestreifung der Außenbereiche durch Hundeführer 18.00-20.00 Uhr Reduzierung auf 10 Eingangsschleu-sen 20.00-22.00 Uhr Reduzierung auf 2 Eingangsschleu-sen ab 22.00 Uhr Abbau der Eingangsschleusen Öffnung der Ausgänge	ab 16.00 Uhr Positionierung des Personals auf den vorgesehenen Plätzen ab 20.00 Uhr Verstärkung durch abgerücktes Personal vom Einlass in den Bereichen Bühne und Block insb. in den oberen abge-sperrten Blöcken L,K,I ab 22.00 Uhr Gewährleistung und Koordinie-rung eines sicheren Abstroms der Besucher ab 23.00 Uhr Räumung des Veranstaltungsare-als

Einsatzabschnitt:	Einsatzabschnitt 3	Einsatzabschnitt 4
Bereiche:	Bühnenschutz	Reserve
Supervisor / Abschnitte:	**Supervisor** Stephanie Lehmann / Backstage Thomas Hanf / Bühne	**Supervisor** Hasibe Turhan / Reserve
Sicherheitsmitarbeiter:	18 SMA 12 SMA an Bühne 6 SMA im Backstage	8 SMA
MOZ:	**Personalraum, 14.00 Uhr**	**Personalraum, 15.30 Uhr**
Einzelauftrag:	Absicherung des Bühnen- und Backstagebereichs Sicherung vorhandenen Equipments Gewährleistung des sicheren Zu- und Ablaufs der Interpreten Hilfeleistung bei Personengefährdung Eventabsperrung vor dem Bühnengraben ab 16.00 Uhr Positionierung des Personals an der Bühne und im Backstagebereich ab 20.00 Uhr Verstärkung durch das Personal vom Einlass ab 22.00 Uhr Gesicherter Abgang der Interpreten in den Backstagebereich sicherer Abstrom der Besucher ab 23.00 Uhr Räumung des Veranstaltungsareals	Einsatz bei Personalengpässen ab 17.00 Uhr Bereitstellung und Verteilung von Trinkwasser in Zusammenarbeit mit der medizinischen Erstversorgungg ab 20.00 Uhr Einteilung nach Bedarf

Kapitel III   Planübung „Werkschutz"

von Sascha Göhlert, Anett Grasnick, Simon Pagel, Stefan Pauly, Katerina Radtke, Jutta C. Reiter, Jörg Sobisch

1   Einleitung

Für das Planspiel wurde das fiktive Chemieunternehmen „FSAB" gegründet, indem die Planspielteilnehmer die Position eines Abschnittsleiters des Werkschutzes innehaben.

Im Zuge des Planspieles werden die Übungsteilnehmer mit vier Szenarien konfrontiert werden, die es erfordern, bisher erworbenes Wissen miteinander kombiniert anzuwenden. Ein besonderer Schwerpunkt liegt dabei auf dem Erkennen und Bewerten von Risiken und Gefahrensituationen, sowie dem Treffen von Entscheidungen im Einklang mit den rechtlich relevanten Normen.

2   FSAB – The Chemical Company

Die FSAB ist das weltweit drittgrößte Chemieunternehmen und beschäftigt auf drei Kontinenten insgesamt 63.475 Mitarbeiter.

Vertreten ist das Unternehmen in Europa, Nordamerika und Asien. Aufgrund der wirtschaftlichen Entwicklungen der vergangenen fünf Jahre strebt die FSAB ferner eine Expansion nach Südamerika an.

Das Unternehmen erwirtschaftete im Geschäftsjahr 2006 einen Umsatz von 36.012 Millionen €. Dabei wurde entgegen dem vorangegangen Geschäftsjahren erstmals auf dem nordamerikanischen Kontinent ein größerer Umsatz erzielt als in Europa.

Als Sitz der Unternehmensleitung, Zentrum von Forschung und Entwicklung sowie größter Produktionsstandort der FSAB, bildet das Werk in Ludwigshafen am Rhein das weltweit zweitgrößte zusammenhängende Chemieareal.

Das Werkgelände umfasst eine Werkfläche von 9,78 Quadratkilometern. Dieses Areal schließt 102 Kilometer Straßen und 187 Kilometer Bahngleise mit ein. In rund 1.500 Gebäuden gehen 11.400 Mitarbeiter der FSAB ihrer Arbeit nach. Die 1.240 Kilometer an überirdischen Rohrleitungen tragen dazu bei, dass das Werk in Ludwigshafen eines der wirtschaftlichsten Werke in der chemischen Industrie darstellt.

2.1   Corporate Security

Doch der Erfolg hat auch seine Schattenseiten. Als weltweit agierendes Unternehmen mit Kunden in aller Welt, war die FSAB in der Vergangenheit immer wieder Ziel linksextremer Globalisierungsgegner und militanter Umweltaktivisten. Doch auch anderen Bedrohungen sieht sich das Unternehmen weiterhin ausgesetzt.

Die sensiblen Produktionsanlagen können durch höhere Gewalt, gemeint sind diverse, nicht beherrschbare Naturereignisse, Schaden nehmen. So entstandene Schäden können wiederum dem Unternehmen als auch der Umwelt gleichermaßen hohe Folgeschäden zufügen. Aus diesem Grunde kommt der technischen und baulichen Sicherheit der Anlagen eine besondere Bedeutung zu.

Doch auch andere Risiken bringt das agieren über nationale Grenzen hinaus mit sich. Langfristig ergeben sich Gefahren aus der Zunahme der Allgemeinkriminalität, als auch dem Zuwachs an Organisierter Kriminalität, die vor allem in Osteuropa eine große Herausforderung für das Unternehmen darstellt. Wirtschafts- und Industriespionage – eine vor allem im asiatischen Raum gegebene Gefahr – erfordert darüber hinaus stetige Wachsamkeit, ebenso wie die in den letzten Jahren zugenommene Anzahl von Angriffen auf IT-Systeme der FSAB.

Die Proliferation von Dual-Use-Gütern (Gütern, die sowohl zivilen als auch militärischen Charakter haben), Terrorismus und Extremismus, Innere Unruhen, Staatszerfall, Bürgerkriege und andere militärische Auseinandersetzungen sind weitere Herausforderungen, denen sich ein weltweit aktives Unternehmen stellen muss.

Hinzu kommen wirtschaftlich-politische Spannungen zwischen Staaten und Staatengemeinschaften als auch eine in weiten Teilen der Welt stark verbreitete Rechtsunsicherheit, sei es in Form von Korruption oder unzureichender rechtlicher Sicherheiten für Eigentum oder auch geistigen Besitz.

Kurz, die Risiken und Gefahren, mit denen die FSAB heute und in Zukunft konfrontiert sein wird, sind vielfältig. Daher ist es unabdingbar ein ebenso vielfältiges Repertoire an Maßnahmen zu treffen und erfolgreich umzusetzen, um Schaden vom Unternehmen, seinen Kunden und der Umwelt abzuwenden.

Um dieser Aufgabe gerecht werden zu können, verfügt die FSAB über eine unternehmenseigene Corporate Security Funktion. Exemplarisch für alle größeren Standorte der FSAB wird der Aufbau der Corporate Security am Beispiel Ludwigshafen geschildert.

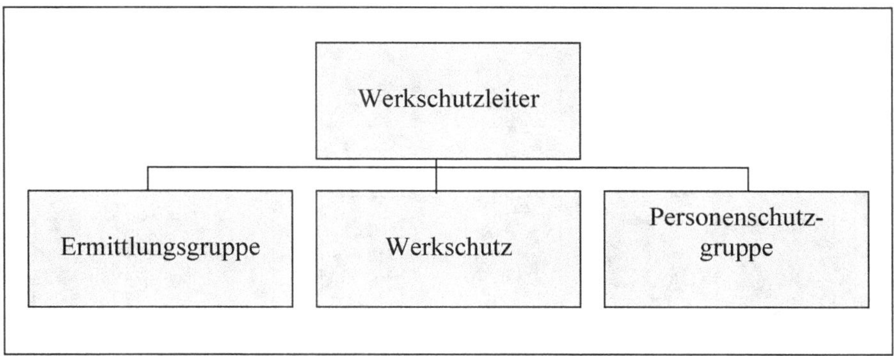

Abbildung 2: Organisationsebene Werkschutzleiter

An oberster Stelle steht der Werkschutzleiter, welcher die Corporate Security vor Ort führt und als Bindeglied zwischen Sicherheit und Unternehmensleitung dient. Ihm untersteht direkt die Ermittlungs- und, wenn vorhanden, auch die Personenschutzgruppe, ebenso wie der „klassische" Werkschutz selbst.

Der Werkschutz bildet dabei die Hauptkomponente der Corporate Security und ist für die Sicherheit des Unternehmens, seiner Anlagen (Objektschutz) und Mitarbeiter verantwortlich.

Im Rahmen des Planspieles nehmen die Übungsteilnehmer die Aufgaben eines Abschnittsleiters des Werkschutzes wahr. Die Szenarien fallen dabei in einen Zeitraum, indem der Sektionsleiter B1, der sich am dortigen Werkstor aufhält, auch Leiter für den übergeordneten Abschnitt B ist.

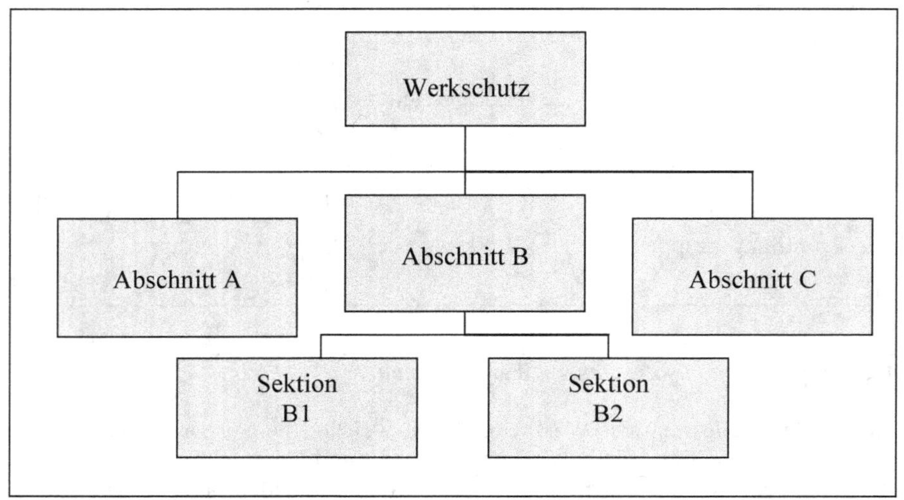

Abbildung: 3 Organisationsdarstellung Werkschutz

Die Personalstärke des Werkschutzes der Sektion B 1 beträgt am Tage zehn Mann, einschließlich des Sektionsleiters. Diese Werkschutz-Mitarbeiter haben zwei Tore zu betreuen. Das Tor 1 ist das Haupttor im Abschnitt B. Über dieses Tor erfolgt in der Hauptsache der Werkverkehr (Anlieferung/ Abholung). Aufgabe der Mitarbeiter ist die Kontrolle von ein- und ausfahrenden Fahrzeugen, als auch die Bestreifung der Sektion B 1 in unregelmäßigen Abständen gemäß der Dienstanweisung für den Werkschutz. Tor 2 ist indes lediglich als Personalzugang mit drei Mitarbeitern des Werkschutzes besetzt und wird über Nacht, ab 21.00 Uhr, geschlossen. Ab diesem Zeitpunkt ist Tor 2 bis in die Morgenstunden des folgenden Tages (05.00 Uhr) nicht mehr besetzt. Die Nachtstärke an Tor 1 beträgt einschließlich des Sektionsleiters fünf Personen. Die Personalstärke kann jedoch jederzeit an die Sicherheitslage angepasst werden.

2.2 Rechtsgrundlagen

Die Rechtsgrundlagen für den Werkschutz der FSAB ergeben sich aus den einschlägigen Gesetzen, Verordnungen und Unfallverhütungsvorschriften über die:

- Sicherheit im Betrieb
- gesetzlichen Regelungen über die Eigentums- und Besitzschutzrechte
- Selbsthilfe- und Notrechte Privater
- Betriebsvereinbarungen, insbesondere Arbeitsordnung

- Arbeitsverträge, einschließlich der sich aus der Treuepflicht der Mitarbeiter gegenüber dem Unternehmen abgeleiteten Verpflichtung das Unternehmen nicht zu schädigen
- Fürsorgepflicht des Unternehmens gegenüber seinen Mitarbeitern
- arbeitsrechtliche Weisungsrechte des Unternehmens gegenüber seinen Mitarbeitern
- Verträge des Unternehmens mit Dritten, soweit in ihnen sicherheitsrelevante Rechte und Pflichten geregelt sind

3 Grundsätze der Eigensicherung

- „Nicht den Helden spielen", keine Alleingänge in kritischen Situationen
- Zurückziehen, Beobachten, Melden
- Ausrüstung überprüfen und mitnehmen (Funk, Taschenlampe, Signalgerät, u.a.)
- Ständige Aufmerksamkeit
- Überblick verschaffen
- Verbindung halten (z.B. zur Leitstelle)
- rechtzeitige Signale geben
- Erkennungsmerkmale und Codewörter absprechen

4 Aufgaben des Werkschutzes

- Überwachung, Regelung und Kontrolle des Personen-, Fahrzeug- und Güterverkehrs
- Fundsachen – Bearbeitung von Verlustmeldungen
- Erste Hilfe
- Wach- und Streifendienst zur Abwehr innerer und äußerer Gefahren
- Schließwesen
- Wahrnehmung des Alarmdienstes
- Vorbeugender und abwehrender Brandschutz
- Mithilfe bei der Unfallverhütung
- Mithilfe bei Umweltschutzaufgaben

5 Alarmstufensystem

Das Alarmstufensystem der FSAB untergliedert sich je nach Schwere des eingetretenen Ereignisses in vier Stufen. Jedes eintretende Ereignis wird der entsprechenden Stufe zugeordnet. Die Alarmierung erfolgt nach dem jeweiligen Alarmierungsplan (siehe Anhang Wachordnung – Dienstanweisung für den Werkschutz).

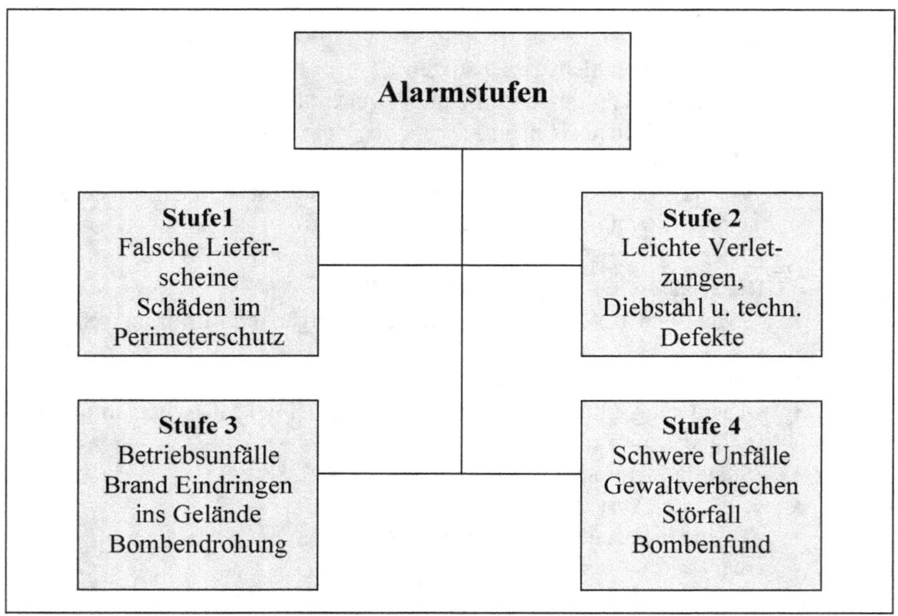

Abbildung 4: Alarmstufen

6 Szenario I – Demonstration vor dem Werkstor

6.1 Szenariohandlung

Eine Menschenmenge, bestehend aus ungefähr 100 Personen, nähert sich dem Tor 1 des FSAB Werkgeländes. Die Werkschutz-Mitarbeiter am Tor können diese bereits in einiger Entfernung vor dem Tor anrücken sehen. In der Befürchtung, dass es sich um Personen aus der linksautonomen Szene handeln könnte, wird Ihnen die sich nähernde Menschenmenge gemeldet, verbunden mit der Bitte um weitere Anweisungen.

6.2 Zu ergreifende (mögliche) Maßnahmen

Die Werkschutz-Mitarbeiter Vorort werden angewiesen das Tor 1 zu schließen. Des Weiteren wird über Anfrage in der Sicherheitszentrale ein Umleiten des gesamten Verkehrs zum Werkstor 1 im Abschnitt A erbeten.

Dieses Tor wird von der Sicherheitszentrale darüber unterrichtet, dass eine solche Umleitung stattfindet und aufgrund dessen mit auf unbestimmte Zeit verstärktem Verkehr am Tor zu rechnen sei. Zudem wird die Polizei darüber in Kenntnis gesetzt, dass Staugefahr zur Autobahn hin besteht. Werkleitung sowie die Abteilungen Logistik und Produktion werden über die Lage sowie eine damit einhergehende Verzögerung in An- und Auslieferung der Waren und Rohstoffe informiert.
Darüber hinaus werden weitere Mitarbeiter des Werkschutzes zur Verstärkung herangeführt, für den Fall, dass eine Eskalation am Tor 1 eintreten könnte.

6.3   Szenariohandlung (Fortsetzung)

Die Menschenansammlung erreicht das Werkstor 1 der FSAB und entrollt Transparente, welche sie beginnen am Zaun zu befestigen. Gleichzeitig beginnt ein Großteil der Personen damit eine Sitzblockade einzurichten. Anhand der Transparente wird offensichtlich, dass es sich um eine Demonstration seitens einer Umweltschutzgruppe handelt.

6.4   Zu ergreifende (mögliche) Maßnahmen

Die Demonstranten werden aufgefordert, die Transparente zu entfernen und weitere Befestigungen zu unterlassen, sowie sich vom Zubringer zu entfernen.

6.5   Szenariohandlung (Fortsetzung)

Dieser ersten Aufforderung seitens des Werkschutzes kommen die Demonstranten jedoch nicht nach und hängen weitere Plakate an den Zaun.

6.6   Zu ergreifende (mögliche) Maßnahmen

Bei der Polizei wird angefragt, ob eine Genehmigung für eine Demonstration vor dem FSAB-Werk vorliege. Der Abschnittsleiter entscheidet sich dazu keine Entfernung der Transparente und Plakate durch die Sicherheitsmitarbeiter anzuordnen, da dies von den Demonstranten als Provokation seitens des Werkschutzes aufgefasst werden und somit zu gewalttätigen Auseinandersetzungen führen könnte.

6.7   Szenariohandlung (Fortsetzung)

Die Polizei verneint die Anfrage bezüglich einer angemeldeten Demonstration und schickt eine Streife zur Sondierung.

6.8   Zu ergreifende (mögliche) Maßnahmen

Dem Werkschutz ist es außerhalb des Hausrechtsbereichs nicht erlaubt Sitzblockaden aufzulösen, da dafür keine Rechtsgrundlage vorhanden ist. Die Auflösung einer Sitzblockade im öffentlichen Raum bleibt damit der Polizei vorbehalten. Das weitere Vorgehen obliegt demnach der Polizei. Der Abschnittsleiter entscheidet sich demzufolge dazu, die Demonstranten weiterhin aufmerksam zu beobachten und auf das Eintreffen der Polizei zu warten.

Innerhalb des Hausrechtsbereichs ist der Werkschutz gemäß §§ 859, 858 i.V.m. §§ 860, 855 BGB zwar befugt die Sitzblockade aufzulösen, allerdings sieht der Abschnittsleiter unter Berücksichtigung der Lage vom Gebrauch der Selbsthilfe ab, da es keine Bemühungen seitens der Demonstranten gibt den Zaun zu überwinden und eine Räumung des vor dem Zaun geltenden Hausrechtsbereiches eine Eskalation herbeiführen könnte. Dies versucht der Abschnittsleiter unter allen Umständen zu vermeiden.

Der Werkschutz wendet sich stattdessen an die Pressestelle / Public-Relations Abteilung des Unternehmens, damit Mitarbeiter dieser Abteilung Kontakt zu den Demonstranten herstellen.

6.9   Rechtsgrundlage

„Auch wenn Sitzblockaden grundsätzlich unter Art. 8 I GG fallen, führt dies nach Ansicht des BVerfG nicht dazu, sie grundsätzlich als rechtmäßig einzustufen. Zu den grundrechtsbeschränkenden und verfassungsrechtlich zulässigen Einschränkungen gehöre es, dass die Versammlung in diesen Fällen wegen Gefährdung der öffentlichen Sicherheit aufgelöst werden dürfe. Behinderungen Dritter, die von Versammlungen ausgehen, werden durch Art. 8 GG nur soweit gerechtfertigt, wie sie als sozial-adäquate Nebenfolge mit rechtmäßigen Demonstrationen verbunden seien und sich auch durch zumutbare Auflagen nicht vermeiden ließen. Hieran fehle es, wenn die Behinderung Dritter beabsichtigt sei, um die Aufmerksamkeit für das Demonstrationsanliegen zu erhöhen, so das Bundesverfassungsgericht." [1] In einem solchen Falle ist die Polizei zur Auflösung der Versammlung berechtigt (BVerfGE 73, 249 f.).

Die Transparente können zwar i.S.d. §§ 859 I, 858 I 2.Alt. i.V.m. §§ 860, 855 BGB von den Werkschutz-Mitarbeitern entfernt werden, da die Demonstranten den Besitzer des Werkes in seinem Besitz stören und die Werkschutz-Mitarbeiter gem. § 855 BGB Besitzdiener und demnach befugt sind Selbsthilfe zu leisten (gem. § 860 BGB). Dies ist jedoch aufgrund einer dadurch möglicherweise seitens der Demonstranten empfundenen Provokation nicht zu empfehlen.

Die §§ 859 I, 858 I 2. Alt. BGB i.V.m. §§ 860, 855 BGB sind aus denselben Gründen bezüglich der Sitzblockade anwendbar, unter Berücksichtigung der besonderen Lage jedoch nicht empfehlenswert. [2]

---

[1] Vgl. Hesselberger, Dieter (2003): Das Grundgesetz. Kommentar für die politische Bildung, 13.Aufl., München/Unterschleißheim

[2] Vgl. Schürmann, Detlev (2006): Leitfaden Sachkundeprüfung. Rechtliche Grundlagen, Version 1.3, Gau-Algesheim

7 Szenario II – Unfall eines Gefahrguttransportes

7.1 Szenariohandlung

Laut Informationen aus der Lagebesprechung des Werkschutzteams werden an diesem Tag fünf LKWs, die Gefahrgut transportieren, erwartet. Der erste ist ein Gefahrgut-Transporter, der gemäß Liefer- und Anmeldungsschein 9 t Hexan, welches unter anderem als Lösungsmittel verwendet wird, beinhaltet. Hexan ist ein leichtentzündlicher, gesundheitsschädlicher und umweltgefährlicher Gefahrenstoff (siehe Anhang).

Der LKW soll um 11.00 Uhr am Tor 1 eintreffen. Zu dieser Zeit befinden sich jedoch noch einige Demonstranten vor dieser Einfahrt. Da der Fahrer an diesem Tag noch mehrere Unternehmen zu bestimmten Zeiten beliefern muss, wird er langsam unruhig. Er muss eine halbe Stunde warten bis die Demonstration aufgelöst wurde und er seine Papiere, sowie den Lieferschein vorzeigen und das Tor passieren kann. Hinter dem Tor bis zur Einfahrt in die Lagerhalle, in der sich bereits 195 t des gefährlichen Stoffes Hexan befinden, ist eine Schrittgeschwindigkeit von nur 10 km/h erlaubt. Der LKW-Fahrer, da er es eilig hat, hält sich nicht daran und beschleunigt auf über 30 km/h. Beim Abbiegen nach links in den Lagerbereich bemerkt er einen Gabelstapler zu spät und tätigt eine Vollbremsung. Dabei rammt er den Gabelstapler, gleichzeitig verkantet der Anhänger des LKWs und kippt um. Eine Kammer, gefüllt mit Hexan, reißt durch den Aufschlag auf. Die Türen des Anhängers springen auf und die Flüssigkeit, die Chemikalie Hexan, tritt aus und beginnt langsam aufgrund des Gefälles der Werksgeländeversiegelung in Richtung Regenwasserabfluss, der das Wasser in den Rhein leitet, zu laufen.

Der Gabelstapler-Fahrer wurde aus dem Fahrzeug geschleudert und bleibt bewegungslos auf dem Boden liegen. Der LKW-Fahrer steht unter Schock und rührt sich nicht von seinem Platz, er ist wahrscheinlich unverletzt.

Der Unfall wird von einem Lagermitarbeiter von FSAB beobachtet, welcher sich sofort zum Tor 1 begibt und die Werkschutzmitarbeiter informiert.

7.2 Zu ergreifende (mögliche) Maßnahmen

Der Unfall ist gemäß der 12. Verordnung zur Durchführung des Bundes-Immissionsschutzgesetzes, der so genannten Störfallverordnung, als Störfall einzuordnen. Bei der Chemikalie Hexan handelt es sich um einen Gefahrenstoff, der sowohl gesundheitsschädigend und umweltgefährdend als auch leichtentzündlich ist. Er fällt somit unter den § 2 Nr. 1 und 4 a), c) der 12. BImSchV. Im

Lager des Werkgeländes von FSAB befinden sich 195 t Hexan. Zu dem Zeitpunkt als der LKW, dessen Anhänger 9 t Hexan beinhaltet, das Werkgelände befährt, sind folglich 204 t auf dem Gelände vorhanden. Laut § 2 Nr. 2 BImSchV in Verbindung mit Anhang I Nr. 5 S. 1 und der Stoffliste Nr. 7a sowie 9a fällt eine Mengenschwelle des Stoffes Hexan ab 200 t unter die Störfallverordnung.
Weiterhin kommt der § 1 Abs. I S. 2 BImSchV zur Geltung. Da die Menge des Hexans, die der im Anhang I Spalte 5 festgelegten überschreitet, müssen vom Unternehmen die §§ 9-12 BImSchV umgesetzt werden.
Das bedeutet, dass vom Unternehmen interne sowie externe Alarm- und Gefahrenabwehrpläne erstellt und angewendet werden müssen, § 9 Nr. 4 sowie § 10 Abs. 1 Nr. 1 und 2 BImSchV.

Bei diesem Unfall greifen der interne und externe Alarmplan ständig ineinander über.

Der Abschnittsleiter informiert nach der Alarmierung des Lagermitarbeiters sofort die Sicherheitszentrale und schickt zwei seiner Mitarbeiter, die zu der Zeit für die Streife eingeteilt sind, zum Unfallort um die Lage zu sondieren. Diese geben dann zum einen nach dem internen Alarmplan sofort eine Lagebeschreibung per Funk an die Sicherheitszentrale ab. Zum anderen ist es wichtig, dass die Mitarbeiter, die sich noch am Tor 1 befinden, per Funk - hier wird direkt der Abschnittsleiter angesprochen - eine Rückmeldung über das Ausmaß des Unfalls erhalten. Diese haben dann die Möglichkeit, die Toreinfahrt zu schließen, so dass sich keine weiteren Fahrzeuge dem Unfallort nähern können.
Zur Verstärkung funkt der Abschnittsleiter den Werkschutzleiter in der Sicherheitszentrale an, der noch andere Werkschutzmitarbeiter, welche sich in unmittelbarer Nähe des Unfallortes aufhalten, anfordert. Sie sollen den Verkehr auf dem Gelände an dem Unfallort vorbei leiten und die Fahrzeuge, die das Gelände verlassen wollen, zum Tor 2 dirigieren. Die Werkschutzmitarbeiter an diesem Tor müssen durch den Abschnittsleiter darauf hingewiesen werden, dass mit einem erhöhten Verkehrsaufkommen zu rechnen ist. Vor allem die Ein- und Ausfahrten der Parkplätze, die sich am Lager befinden müssen überwacht werden. Außerdem haben die Mitarbeiter darauf zu achten, dass die Werkfeuerwehr ohne Behinderung zum Unfallort gelangen kann.
Gleichzeitig alarmiert die Sicherheitszentrale aufgrund des verletzten Gabelstapel-Fahrers, laut externen Alarmplans, durch Telefonanruf den medizinischen Notdienst.
Danach ordert sie unmittelbar die Werkfeuerwehr von FSAB per Funk an, da es sich um eine leichtentzündliche Flüssigkeit handelt, die sich bei Kontakt mit

Luft bei Umgebungstemperatur ohne zusätzlicher Energiezufuhr erhitzen und somit Feuer fangen kann. Außerdem besteht die Gefahr, dass das Hexan in den Regenabfluss und folglich in den Fluss gelangt.

Als nächstes müssen der Störfallbeauftragte, der nach § 1 Abs. 2 S. 1 5. BImSchV durch das Unternehmen bestellt werden muss und der Sicherheitsbeauftragte per Telefon benachrichtigt werden.

Je nach Rückmeldung der Einsatzkräfte über den Verlauf des Schadensereignisses und über die Wirkung der eingeleiteten Maßnahmen, werden noch die öffentliche Feuerwehr und die Bundesanstalt Technisches Hilfswerk angerufen.

Zum Schluss muss die Unternehmensleitung von FSAB informiert werden, damit sie ihren Pflichten, die sich aus § 19 Abs. 1, 2 und 6 12. BlmSchV ergeben, nachkommen kann. Sie muss die zuständige Behörde unverzüglich über den Störfall unterrichten und die Beschäftigten und ggf. deren Personalvertretung informieren.

Nachdem die beiden Werkschutzmitarbeiter am Unfallort angekommen sind und die Funksprüche abgegeben haben, ergreifen sie sofort Erste-Hilfe-Maßnahmen, um den Verletzten zu stabilisieren. Eventuelle Hilfsmittel sind der Erste-Hilfe-Station zu entnehmen. Danach müssen sie ihn und sich selbst unverzüglich aus dem Gefahrenbereich bringen. Gleichzeitig soll einer der Mitarbeiter versuchen mit dem LKW-Fahrer Kontakt aufzunehmen, ihn zu beruhigen sowie ihn zum Verlassen des LKWs zu animieren und sich vom Unfallort zu entfernen.

Weitere Maßnahmen sind von den Werkschutzmitarbeitern nicht einzuleiten. Es ist das Merkblatt „Verhalten im Störfall" zu beachten und umzusetzen.

8 Szenario III – Diebstahl durch einen Mitarbeiter der FSAB

8.1 Szenariohandlung - Vergangenheit

Am 30.06.2007 wurde im Lagerhaus 1 eine Quartalsinventur durchgeführt. Bei der Bestandsaufnahme wurde eine auffallend hohe Differenz im Bestand des chemischen Stoffes N-Methylamphetamin festgestellt. Diese Substanz wird zur Herstellung von Arzneimitteln sowie zur Herstellung von Drogen (Ecstasy etc.) verwendet.

Alle Lagerhäuser auf dem gesamten Werkgelände sind nicht für Besucher oder andere unbefugte Personen zugänglich. Der Zutritt wird ausschließlich mit einem gültigen Mitarbeiterausweis mit eingebautem Chip gestattet. Der Zugang wird automatisch durch eine Zugangskontrollanlage registriert und dokumentiert. Es ist also anzunehmen, dass der Diebstahl nur durch einen Betriebszugehörigen begangen werden konnte. Aus diesem Grund wurde dieser Vorfall zur weiteren Ermittlung der internen Revisionsabteilung übertragen.

Am 15.07.2007 hat die Geschäftsleitung die nächste Bestandsaufnahme im Lagerhaus 1 veranlasst. Es fehlte erneut eine geringere Menge an N-Methylamphetamin. Um den Täterkreis einzugrenzen, wurden die Zugangskontrolldaten im Zeitraum vom 01.07.2007 bis einschließlich 15.07.2007 ausgewertet und mit den Daten aus dem 2. Quartal vom 01.04.2007 bis 30.06.2007 verglichen. Es wurden 5 Personen ermittelt (Mitarbeiter A, B, C, D und E), die in beiden, bereits besagten Zeiträumen Zutritt zum Lagerhaus hatten.

Die Namen der verdächtigen Mitarbeiter wurden von der Ermittlungsgruppe an die Geschäftsleitung weitergeleitet, die anschließend mit Wirkung zum 16.07.2007 Tor- und Taschenkontrollen für alle Angestellte eingeführt und angeordnet hat (Anhang Betriebsvereinbarung). Der Werkschutz wurde unterrichtet und mit der Durchführung der Kontrollmaßnahmen an den Ausgängen des Werkgeländes beauftragt.

8.2   Szenariohandlung - Gegenwart

Am 19.07.2007 um 15.30 Uhr beobachtet ein Arbeitnehmer der FSAB The Chemical Company den Mitarbeiter A, wie er fluchtartig das Lagerhaus 1 mit einem schwarzen Aktenkoffer verlässt. Er findet die beobachtete Szene merkwürdig und stellt kurze Zeit später fest, dass dem Lagerbestand etwas entnommen wurde. Daraufhin meldet er diesen Vorfall einem der Werkschutz-Mitarbeiter. Dieser Mitarbeiter leitet die Information entsprechend der internen Meldekette weiter an den Abschnittsleiter und dieser wiederum an den Werkschutzleiter in der Leitzentrale. Da der Werkschutzleiter von der Ermittlungsgruppe eine Kenntnis über die Namen der Arbeitnehmer, die des Diebstahls verdächtig sind, bekommen hat und A. zu diesem Personenkreis zählt, verständigt er alle Werkschutz-Mitarbeiter an den Ausgängen des Werkgeländes und ordnet eine Taschendurchsuchung an, sobald A. auf dem nach Hause Weg das Gelände verlassen möchte, da sich der Verdacht gegen A. durch die Meldung des wachsamen Lagermitarbeiters erhärtet hat.

Um 16.30 Uhr beendet A. seinen Dienst und ist auf dem Weg zum Werkstor 1. Am Ausgang an der Schranke wird er von zwei Werkschutz-Mitarbeitern angehalten und aufgefordert seinen Aktenkoffer zu öffnen und den Inhalt zur Überprüfung zu stellen. A. weigert sich und lehnt eine Kontrolle ab, da er die Berechtigung zum Austragen von Geschäftsunterlagen aus dem Gelände besitzt.

Der Werkschutz hat seiner Meinung nach keine rechtlichen Befugnisse, außerdem handelt es sich um vertrauliche Dokumente, die er nicht gewillt ist zu zeigen.

8.3 Rechtsgrundlagen I

Jegliche Kontrollen des Arbeitnehmers durch den Arbeitgeber werden am Maßstab des verfassungsrechtlich geschützten Persönlichkeitsrechtes gemessen. Die betrieblichen Sicherheitsinteressen müssen zunächst hinter den geschützten Rechten des Arbeitnehmers zurücktreten. Anders liegt der Fall, wenn Rechtsgüter des Arbeitgebers potentiell gefährdet sind oder es keine andere Möglichkeit gibt, den Arbeitnehmer zu überführen. Allerdings müssen dann die Grenzen des Rechts beachtet werden.[3]

Grundsätzlich ist ein Arbeitgeber bzw. ein Werkschutz nicht berechtigt, Taschen- und Bekleidungskontrollen durchzuführen. Das heißt, wenn ein Mitarbeiter nicht zur Kontrolle einwilligt, bleibt nur die Möglichkeit, die Polizei hinzuzuziehen. Keiner Einwilligung bedarf es jedoch, wenn solche Tor- und Taschenkontrollen bereits betriebsüblich sind bzw. „eine Pflicht zur Duldung"[4] der Kontrollmaßnahmen bereits im Arbeitsvertrag oder in einer Betriebsvereinbarung vereinbart worden ist.

Eine Einführung einer vorher nicht bestehenden Taschenkontrolle ist nur bei hinreichend begründetem Verdacht zulässig. Dies bedeutet, es besteht ein konkreter Anlass, Diebstähle oder andere Straftaten wie Unterschlagung könnten durch Mitarbeiter begangen worden sein. Dies ist in diesem Falle durch die Meldung des Lagermitarbeiters geschehen, der kurz nach dem fluchtartigen Verlassen des Lagers durch den Mitarbeiter A. festgestellt hat, dass sich der Lagerbestand verringert hat.

Bei Torkontrollen mit Prüfung des Inhalts von Bekleidungsstücken und mitgeführten Behältnissen wie Handtaschen oder Aktentaschen ist darauf zu achten, dass das Ehrgefühl der Betroffenen und die Zeitdauer einerseits und die Intensität des Verdachts andererseits in einem angemessenen Verhältnis zueinander stehen. Im Übrigen müssen diese Maßnahmen wegen des Gleichbehandlungsgrundsatzes jeden in gleicher Weise treffen. Sollte wegen eines dringenden Verdachts eine Leibesvisitation erforderlich erscheinen, ist diese ausschließlich mit Einwilligung des Mitarbeiters zulässig.

---

[3] http://www.dashoefer.de/ED-KONTR/Probe.pdf (Stand 04.07.2007)
[4] http://www.innoventif.de/downloads/kontrolle.pdf (Stand 04.07.2007)

Die Ein- und Durchführung von Tor- und Taschenkontrollen ist eine Frage der betrieblichen Ordnung und des Verhaltens der Mitarbeiter im Betrieb. Dem Betriebsrat steht daher ein Mitbestimmungsrecht aus § 87 Abs. 1 Nr. 1 BetrVG zu, d.h. solch eine Maßnahme bedarf der Zustimmung des Betriebsrats.[5]

8.4   Rechtsgrundlagen II

Der Werkschutz ist eine private Einrichtung zum Schutze der Werke und Betriebe, der Belegschaft sowie auch dritter Personen (z.B. Geschäftspersonen, Besucher). Ihm stehen keine polizeilichen oder andere öffentlich rechtlichen Befugnisse zu.

Die Mitarbeiter des Werkschutzes handeln im Wesentlichen im Rahmen des Hausrechts. Zum eigenen Schutz kann er die gleichen Rechte in Anspruch nehmen wie jeder Privatmann („Jedermannsrechte"). Bedeutend für den Mitarbeiter im Werkschutz ist seine Verpflichtung alles Zumutbare zu veranlassen, um Personen sowie das Eigentum und den Besitz des Unternehmens zu schützen (Garantenpflicht). Diese Garantenpflicht gilt für das Eigentum der Mitarbeiter, für das Eigentum anderer, unternehmensfremder Personen, für das eine Obhutpflicht des Unternehmens besteht, und für sonstige Rechtsgüter, deren Schutz dem Werkschutz ausdrücklich übertragen wurde.

Rechtsgrundlagen für die Tätigkeit des Werkschutzes sind die Regelungen in Gesetzen, Verordnungen und Unfallverhütungsvorschriften über:

- die Regelungen in Gesetzen, Verordnungen und Unfallverhütungsvorschriften über die Sicherheit im Betrieb (z.B. § 34a GewO, BewachV, WaffG, BGV C7);
- die gesetzlichen Regelungen über die Eigentums- und Besitzschutzrechte sowie die Selbsthilfe- und Notrechte Privater (z.B. §§ 32, 34, StGB; §§ 227, 228, 229, 859, 860 BGB; § 127 StPO);
- die Betriebsvereinbarungen, insbesondere die Arbeitsordnung;
- die Arbeitsverträge einschließlich der aus der Treuepflicht der Mitarbeiter gegenüber dem Unternehmen abgeleiteten Verpflichtung, das Unternehmen nicht zu schädigen;
- die Fürsorgepflicht des Unternehmens gegenüber seinen Mitarbeitern;
- das arbeitsrechtliche Weisungsrecht des Unternehmens gegenüber den Mitarbeitern;

---

5 ebd.

- die Verträge des Unternehmens mit Dritten, soweit in ihnen sicherheitsrelevante Rechte und Pflichten geregelt sind. [6]

8.5 Maßnahmen

Die Werkschutzmitarbeiter dürfen im Rahmen des übertragenen Hausrechts und der obliegenden Garantenpflicht handeln. Im Betrieb gibt es eine entsprechende Betriebsvereinbarung, die den Werkschutz dazu ermächtigt, die Taschenkontrolle bei allen Arbeitnehmern, also auch beim Mitarbeiter A. durchführen zu dürfen. Mitarbeiter A ist somit verpflichtet, sich dieser zulässigen Kontrollmaßnahme am Torausgang zu unterziehen, ungeachtet dessen, ob er eine Berechtigung zum Austragen von Geschäftsunterlagen aus dem Werkgelände besitzt. Zudem besteht ein hinreichend begründeter Verdacht eines Diebstahls nach § 242 StGB gegen diesen Mitarbeiter, der aus einer internen Ermittlung der Revisionsabteilung und der zufälligen Beobachtung eines anderen Arbeitnehmers hergeleitet wird. Somit verhält sich der Werkschutz nicht rechtswidrig, wenn Mitarbeiter A. zum Öffnen und Ausleeren seines Aktenkoffers aufgefordert wird. Sie dürfen allerdings nicht selbst in die Tasche greifen oder eine Leibesvisitation anordnen.

Da sich A. weigert, den Inhalt seines Koffers zu zeigen, muss der Werkschutz am Torausgang 1 den Abschnittsleiter per Funk informieren, der sich mit dem Werkschutzleiter in der Sicherheitszentrale in Verbindung setzt, um telefonisch schnellstmöglich die Unterstützung der Polizeibeamten anfordern zu können.

In diesem Fall darf Mitarbeiter A. gem. § 229 BGB Selbsthilfe im Rahmen der so genannten Jedermannsrechte bis zum Eintreffen der Polizei festgehalten werden. § 127 StPO Vorläufige Festnahme findet hier keine Anwendung, da Mitarbeiter A. nicht auf frischer Tat beim Diebstahl betroffen oder verfolgt wurde und seine Personalien bekannt sind. Es besteht lediglich ein dringender Tatverdacht. Zur Festnahme des Mitarbeiters dürfen keine Handschellen oder sonstige Mittel, die zur Fesselung oder Ausübung eines Zwangs geeignet sind, genutzt werden.

Ebenso darf keine körperliche Gewalt angewandt werden, solange A. den Anweisungen des Werkschutzes folgt und sich friedlich verhält. Nachdem die Polizei zur Unterstützung eingetroffen ist, dürfen die Beamten den Mitarbeiter A. und seine Tasche nach eventuellem Diebesgut durchsuchen.

---

[6] zitiert aus der Dienstanweisung für den Werkschutz: http://www.akus.org/frame.htm (Stand 04.07.2007)

Sollte A. handgreiflich werden oder die Werkschutz-Mitarbeiter mit einem gefährlichen Gegenstand angreifen, dürfen sie im Rahmen einer Notwehr nach § 32 StGB aktiv werden und sich auch unter Anwendung von Gewalt, unter Beachtung des Grundsatzes der Verhältnismäßigkeit, zur Wehr setzen. In dieser Situation ist erneut per Funk der Abschnittsleiter zu verständigen, der gegebenenfalls zwei Werkschutzkräfte, die sich in unmittelbarer Nähe des Tors 1 befinden, zur Unterstützung der angegriffenen Mitarbeiter mobilisiert und zur Hilfe abordert. Gleichzeitig informiert er den Werkschutzleiter, der aus der Sicherheitszentrale telefonisch die örtliche Polizeistelle verständigt und um Unterstützung bittet.

Der Werkschutzleiter informiert anschließend die Geschäftsleitung über den Ausgang des Einsatzes, die sich anschließend aufgrund der Art des gestohlenen chemischen Stoffes an die Polizei wendet und weitere Ermittlungen unterstützt.

9 Szenario IV – Unbefugtes Eindringen auf das Werkgelände

9.1 Szenariohandlung

In der Nacht zum 20. Juli 2007, 22.53 Uhr, wird durch einen der Bodendrucksensoren in der Sektion B2 Alarm ausgelöst. Die eingehende Alarmmeldung wird von der Sicherheitszentrale aufgrund der räumlichen Nähe an den Abschnittsleiter weitergeleitet. Dieser wird angewiesen die Ursache zu klären.
In der Vergangenheit lösten jene Bodendrucksensoren bereits mehrfach Fehlalarme aufgrund von Fehlfunktionen sowie durch in der Nähe des Zaunes weidendes Wild aus.

9.2 Zu ergreifende (mögliche) Maßnahmen

Der Abschnittsleiter am Werkstor 1 weist zwei seiner Mitarbeiter an, sich mittels bereitstehenden Fahrzeuges zur Sektion B zu begeben und der Alarmmeldung nachzugehen. Zu überprüfen sei vor allem der entsprechende Zaunabschnitt sowie der dortige Bodendrucksensor.

9.3 Szenariohandlung (Fortsetzung)

Die zur Überprüfung der Sektion B entsandten Werkschutz-Mitarbeiter melden dem Abschnittsleiter, dass sie zwei Personen auf dem Werkgelände und weitere Personen vor dem Zaun entdeckt haben, welche sich bei der Annäherung jedoch fluchtartig vom Zaun entfernten. Die Streife fordert zur Sicherung weitere Kräfte an und nimmt die Verfolgung der sich noch immer auf dem Werkgelände befindenden Personen auf.

9.4 Zu ergreifende (mögliche) Maßnahmen

Auf die Meldung der Streife hin entsendet der Abschnittsleiter weitere Werkschutz-Mitarbeiter, um den Zaun in der Sektion B2 zu sichern und die erste Streife gegebenenfalls bei der Verfolgung der flüchtenden Personen zu unterstützen. Die erste Streife wird angewiesen, die Flüchtenden bei Ergreifung festzusetzen.

9.5 Szenariohandlung (Fortsetzung)

Bereits vor dem Eintreffen der zweiten Streife wird dem Abschnittsleiter durch die Besatzung der ersten Streife gemeldet, dass sie die beiden flüchtenden Personen aufgegriffen haben. Sie melden des Weiteren, dass es sich wohl um zwei Jugendliche im Alter zwischen 15-17 Jahren handelt.

Streife 2 stellt nach ihrem Eintreffen fest, dass sich die beiden Jugendlichen unter Zuhilfenahme von an den Zaun gestellten Leitern und über den Übersteigschutz geworfenen Decken Zugang zum Gelände verschafft haben. Ferner fällt der Streife auf, dass Schilder und abgestellte Behältnisse besprüht wurden.

9.6 Zu ergreifende (mögliche) Maßnahmen

Streife 1 erhält die Anweisung, die auf dem Werkgelände aufgegriffenen Jugendlichen zum Tor zu bringen. Des Weiteren wird zunächst die Sicherheitszentrale des Werkschutzes über den bisherigen Verlauf der Überprüfung der Alarmmeldung unterrichtet und anschließend in Absprache mit dieser die Polizei verständigt.

Streife 2 erhält zudem die Anweisung, Leitern und Decken als Beweismaterial zu sichern und die sich im Abschnitt befindlichen Gebäude auf Verschluss hin zu überprüfen, um auszuschließen, dass sich weitere Personen womöglich Zugang zu Gebäuden verschafft haben.

9.7 Szenariohandlung (Fortsetzung)

Streife 1 kehrt mit den aufgegriffenen Jugendlichen zum Werkstor zurück. Einer der Jungen wirkt sichtlich aufgewühlt, während der andere Junge versucht nach außen hin gelassen zu wirken. Auf die Frage, wie alt die beiden seien, antwortet letztgenannter nicht. Bei erstgenanntem stellt sich im Gespräch jedoch heraus, dass er erst 13 Jahre alt sei und das Eindringen auf das Werkgelände im Zuge einer Mutprobe erfolgte. Die anderen geflüchteten Jungen hätten ihn dazu angestiftet. Inzwischen trifft die Polizeistreife ein, welche neben Alter auch die Identität der beiden Jugendlichen in Erfahrung bringen kann. Der zunächst nach außen hin sicher wirkende Junge ist 16 Jahre alt.

9.8 Zu ergreifende (mögliche) Maßnahmen

Gegen den 16-Jährigen wird daraufhin ein Antrag auf Strafverfolgung gestellt, da sowohl die Sachbeschädigung gem. §§ 303 i.V.m. 303c StGB als auch der Hausfriedensbruch gem. § 123 II StGB Antragsdelikte sind. Der 13-Jährige ist gem. § 19 StGB strafunmündig und kann daher strafrechtlich nicht belangt werden. Die Polizei muss allerdings aufgrund von § 158 II StPO eine Anzeige aufnehmen, sofern dies von der Antrag stellenden Person gewünscht wird. Es wird jedoch wegen der Strafunmündigkeit nicht weiter ermittelt werden.

Bis zur Übergabe der Jugendlichen in die Obhut der Polizei liegt die Verantwortung im Zuge der Fürsorgepflicht zunächst beim Werkschutz der FSAB, anschließend bei der Polizei, die sich weiter um die Jugendlichen kümmern wird.

9.9   Rechtliche Grundlagen

Die Vorläufige Festnahme durch Jedermann ermächtigt dazu, dem Täter die körperliche Fortbewegungsfreiheit zu entziehen. Sie setzt voraus, dass jemand auf frischer Tat betroffen wird und Fluchtverdacht besteht oder die Identität nicht sofort feststellbar ist.

Die zunächst auf beide Jugendliche ausgesprochene Vorläufige Festnahme nach § 127 I StPO ist dem Alter nach nur auf den 16-Jährigen anwendbar, da hier die Strafmündigkeit vorausgesetzt wird. Zum Zeitpunkt der Vorläufigen Festnahme war das Alter den Mitarbeitern des Werkschutzes jedoch noch nicht bekannt. Nach Bekannt werden des Alters lässt sich das Festhalten des Strafunmündigen 13-Jährigen jedoch aufgrund der begangenen Sachbeschädigung gemäß § 229 2. Alt. BGB im Rahmen der Selbsthilfe rechtfertigen. Der § 229 2. Alt. BGB dient dazu, Schadensersatzansprüche geltend zu machen, deren Durchsetzung ansonsten vereitelt oder wesentlich erschwert würde.[7]

---

[7] Schürmann, Detlev (2006): Leitfaden Sachkundeprüfung. Rechtliche Grundlagen, Version 1.3, Gau-Algesheim

10 Anlagen

MITTEILUNG DES BKA

Warnhinweis an die Chemische Industrie

- Übungsunterlage -

Seit dem 26.06.2007 beobachtet das BKA in diversen, der linksextremistischen Szene zugeordneten Internetforen Absprachen bezüglich „gewaltsamer Aktionen". Geplant sind „Angriffe auf das faschistisch-imperialistische System, geführt von den großen Industriekonzernen der kapitalistischen, westlichen Welt [...]".

Aufgrund konkreter Hinweise, die in den vergangenen Tagen bei mehreren Polizeibehörden eingingen, konnte die chemische Großindustrie als Ziel identifiziert werden.

Wir mahnen daher zu erhöhter Wachsamkeit. Melden Sie ungewöhnliche Vorkommnisse bitte direkt an das Bundeskriminalamt oder an jede andere Polizeidienststelle.

Sobald dem BKA weitere Erkenntnisse vorliegen, werden wir diese unverzüglich weiterleiten.

Head of Corporate Security

An alle Mitarbeiter des Werkschutzes

Betreff: Sicherheitshinweis / Warnung des BKA

Das Bundeskriminalamt hat heute eine Warnung an alle Unternehmen der chemischen Industrie in Deutschland herausgegeben. Grund für die Warnung sind konkrete Hinweise auf geplante „gewaltsame Aktionen" seitens der linksextremistischen Szene.

Bis weitere Informationen vorliegen, rufe ich Sie zu erhöhter Wachsamkeit auf. Tore sind nach jeder Durchfahrt zu schließen, verdächtige bzw. ungewöhnliche Aktivitäten außerhalb als auch insbesondere innerhalb des Standortes sind sofort gemäß Melde- & Alarmplan an die Sicherheitszentrale zu melden.

Diese Information ist unverzüglich allen Mitarbeitern des Werkschutzes
mitzuteilen!

- 65 -

BETRIEBSVEREINBARUNG

TOREIN- / AUSGANGSKONTROLLE

(NACHDRUCK – OHNE GEWÄHR; ORIGINAL BEIM BETRIEBSRAT)

Gültig für: FSAB The Chemical Company

Gültig seit: 16.07.2007 (Neufassung)

Interne Nummer: 1001

Veröffentlichung: nur intern

BETRIEBSVEREINBARUNG TOREINGANGS- / AUSGANGSKONTROLLE

Zwischen dem Vorstand der FSAB The Chemical Company und dem Betriebsrat der FSAB The Chemical Company wird folgende Betriebsvereinbarung getroffen:

1. Personen und Fahrzeuge, welche das FSAB-Gelände verlassen, können überprüft werden.

2. Die Kontrollen beschränken sich auf Stichproben. Sie erstrecken sich grundsätzlich auf alle Personen, die das FSAB-Gelände verlassen.

3. Die Kontrollen werden durch das am Tor / Pforte tätige Personal durchgeführt, welches entsprechend ausgewiesen ist.

4. Um jedwede Willkür bei der Kontrolle auszuschließen, wird die Auswahl der zu kontrollierenden Personen und Fahrzeuge durch ein elektronisches Auswahlgerät durchgeführt. Bei ausgewählten Kraftfahrzeugen unterliegen sämtliche Insassen der Kontrolle.

5. Durch das Auswahlgerät bestimmte Personen müssen ihre Behältnisse (Aktentaschen und dergl.) dem Kontrollpersonal geöffnet vorzeigen. Leibesvisitationen sind unzulässig.

6. Durch das Auswahlgerät bestimmte Kraftfahrer/innen müssen dem Kontrollpersonal Einblick in das Wageninnere und den Kofferraum gestatten.

7. Beschwerden über die Durchführung der Kontrollen werden durch einen dreiköpfigen Ausschuss untersucht, der aus einem vom Vorstand zu Benennenden und einem Mitglied des Betriebsrates besteht, die gemeinsam ein drittes Mitglied hinzu wählen.

Alarmplan bei Störfall – Intern

Lfd.Nr.	Zu alarmierende Kräfte	Alarmierungsart
1	Sicherheitszentrale/ Werkschutzleiter	Kanal 1
2	Werkfeuerwehr	Kanal 2
3	Störfallbeauftragten	Tel. 2345
4	Sicherheitsbeauftragten	Tel. 6789
5	Unternehmensleitung	Tel. 1234

Alarmplan bei Störfall – Extern

Lfd.Nr.	Zu alarmierende Kräfte	Alarmierungsart
1	medizinischer Notdienst	Tel. 112
2	öffentliche Feuerwehr	Tel. 112
3	Bundesanstalt THW	Tel. 33 88 035
4	Polizei	Tel. 110

Alarmstufen
Stufe 1
Falsche Lieferscheine
Schäden im
Perimeterschutz
Stufe2
Leichte Verletzungen
Diebstahl
Defekte
Eingangsbereiche
Stufe 3
Betriebsunfälle
Brand
Eindringen ins Gelände
Bombendrohung
Stufe 4
Schwere Unfälle
Gewaltverbrechen
Störfall
Bombenfund

Alarmstufe 1 – Intern

Zu alarmierende Kräfte	Funkkanal	Telefon
Abschnittsleiter B	3	45 67
Sicherheitszentrale/ Werkschutzleiter	1	34 56

Alarmstufe 2 – Intern

Zu alarmierende Kräfte	Funkkanal	Telefon
Abschnittsleiter B	3	45 67
Sicherheitszentrale/ Werkschutzleiter	1	34 56
Ermittlungsgruppe	5	67 89
Med. Notfall	7	89 01

Alarmstufe 3 – Intern

Zu alarmierende Kräfte	Funkkanal	Telefon
Abschnittsleiter B	3	45 67
Sicherheitszentrale / Werkschutzleiter	1	34 56
Werkfeuerwehr	2	56 78
Ermittlungsgruppe	5	67 89
Med. Notfall	7	89 01
Unternehmensleitung		12 34

Alarmstufe 3 – Extern

Zu alarmierende Kräfte	Telefon
Notruf	1 10/1 12
Feuerwehr	1 12
Polizei	1 10

Alarmstufe 4 – Intern

Zu alarmierende Kräfte	Funkkanal	Telefon
Abschnittsleiter B	3	45 67
Sicherheitszentrale/ Werkschutzleiter	1	34 56
Werkfeuerwehr	2	56 78
Ermittlungsgruppe	5	67 89
Unternehmensleitung		12 34
Störfallbeauftragter		23 45

Alarmstufe 4 – Extern

Zu alarmierende Kräfte	Telefon
Notruf	1 10/1 12
Feuerwehr	1 12
Bundesanstalt THW	3 38 80 35
Polizei	1 10

Werksanschluss:

Feuerwehr / Notfallrettung **112**
Werkschutz **110**

Amtsanschluss:

Feuerwehr / Notfallrettung **30-112**
Polizei **30-110**

VERHALTEN IM STÖRFALL:

- Vom Ort der Störung fernbleiben.
- Nicht durch ausgelaufene Flüssigkeiten, unbekannte Stoffe, Stäube oder ausgetretene Gaswolken und Brandrauch laufen oder fahren.
- Gesperrte Bereiche nicht betreten oder befahren. Rettungsarbeiten nicht behindern.
- Im Falle einer Gefahr oder beim Ertönen akustischer Gefahrensignale:

  o Verlassen Sie den Gefahrenbereich, wenn möglich quer zur Windrichtung, oder

  o suchen Sie das nächste geschlossene Gebäude auf und
  o begeben Sie sich zur Meldestelle und informieren Sie sich dort über die weiteren Verhaltensmaßnahmen.

- Mit Fahrzeugen gefährdetes Gebiet ohne Gefährdung anderer schnell verlassen; Fahrzeuge so abstellen, dass Rettungswege nicht verstellt werden.
- Innerhalb von Betrieben, Anlagen und Gebäuden die Weisungen des Betriebspersonals befolgen.
- Bei Unregelmäßigkeiten, z.B. austretende Flüssigkeit, Gaswolken oder Unfall, die Werkfeuerwehr alarmieren.
- Bei gesundheitlichen Beeinträchtigungen die Ambulanz aufsuchen oder Kontakt mit dem ärztlichen Notdienst aufnehmen.

Im Werk wird ein großer Teil der in der Störfallverordnung genannten Stoffe gehandhabt. Diese können insbesondere folgende Eigenschaftsmerkmale besitzen:

Sehr giftig, giftig, umweltgefährlich, hochentzündlich, leichtentzündlich, entzündlich, brandfördernd, explosionsgefährlich und krebserzeugend.

Ursache eines Störfalls können sein;
Brand, Explosion oder Freisetzung von giftigen Stoffen.

Die FSAB ergreift geeignete Maßnahmen, um Störfälle zu verhindern bzw. Auswirkungen derselben weit möglichst zu begrenzen. Die internen Alarm- und Gefahrenabwehrpläne sind mit den zuständigen Behörden abgestimmt und stehen im Einklang mit externen Alarm- und Gefahrenabwehrplänen.

Merkblatt Sicherheitsinformationen und Verhaltensregeln[8]

Dieses Merkblatt gilt für alle Personen, die das Werkgelände der FSAB betreten oder befahren.

Auf dem gesamten Werkgelände gilt:

Rauchen, Feuer und offenes Licht – auch in Fahrzeugen – ist verboten!

Einführen bzw. Konsumieren alkoholischer Getränke und anderer Rauschmittel ist verboten!

Fotografieren und Filmen verboten! Kameras und Filmmaterial sind am Tor zu hinterlegen. Das Verbot gilt auch für Handys mit integrierter Kamera

Offene Ausweistragepflicht: Der Werks- oder Tagesausweis ist offen und sichtbar an der Kleidung zu tragen.

In bestimmten Betriebsbereichen gilt:

Handyverbot. Handy ausschalten! Ausnahmen im Betrieb erfragen.

Zutritt für Unbefugte verboten!

---

[8] bezieht sich auf das Sicherheitsmerkblatt von BASF

Explosionsfähige Atmosphäre. In explosionsgefährdeten Bereichen muss ableitfähiges Schuhwerk (ESD) getragen werden. Das Mitführen von funkenerzeugenden Geräten, z.B. Feuerzeuge, ist verboten!

Meldestelle:
Beim Betreten eines Betriebes anmelden.
(Meldestelle / Meisterzimmer). Lastenaufzüge ohne Fahrkorbabschlusstüren dürfen nur von unterwiesenen Personen benutzt werden. Die Alarmordnungen in den Gebäuden sind zu beachten.
Im gesamten Werk gelten die Regeln der Straßenverkehrsordnung und der Straßenverkehrszulassungs-Ordnung mit folgenden Besonderheiten:

- Höchstgeschwindigkeit 30 km/h, wenn nicht anders ausgeschildert
- Breitstrichmarkierung (unterbrochener Strich): „Vorfahrt gewähren"
- Durchgehende rote Markierung entlang dem Fahrbahnrand / der Bordsteinkante: „Halteverbot"
- Durchbrochene farbige Markierungslinie auf Fahrbahnmitte: „Eingeschränktes Halteverbot"
- Wartepflicht: bei Ausfahrt aus Betriebshöfen, Überfahren eines abgesenkten Bordsteins, Verlassen neben der Fahrstraße liegender Park- und Ladeflächen. Parkverbot unter Rohrbrücken, über Unterflurhydranten und über Gullys. Schienenfahrzeuge haben Vorrang, Schienen sind freizuhalten; Mindestabstand 1,5 m von der Schienenaußenkante. Verkehrswidrig abgestellte Fahrzeuge werden kostenpflichtig abgeschleppt. Radfahrer müssen einen Radfahrerschutzhelm tragen, sie müssen hintereinander fahren und dürfen Fahrzeuge nicht rechts überholen!

Die FSAB haftet nicht für Schäden, die aus Verstößen gegen diese Vorschriften entstehen.

Hinweise für Erstmaßnahmen

1. Absperren der Schadensquelle
2. Einsatzleitung zusammenrufen und Ort bekannt geben
3. Lagebericht anfordern
4. Protokollführung aufnehmen
5. Nachrichtenverbindung überprüfen, ggf. zusätzliche Nachrichtenwege schalten lassen
6. Prüfen, ob Menschen sich in Lebensgefahr befinden, gefährdet oder geschädigt sind
7. Rettung und Versorgung von Menschen einleiten
8. Räumung evtl. weiterer gefährdeter Bereiche veranlassen
9. Notwendige Schaltung in gefährdeten Gebäuden und Anlagen veranlassen
10. Presseinformation vorbereiten
11. Unternehmensleitung informieren
12. Behörden ggf. informieren
13. Planunterlagen bereitstellen
14. Wichtige Betriebsunterlagen sicherstellen
15. Versicherer informieren

Dienstanweisung für den Werkschutz[9]

Die „Dienstanweisung für den Werkschutz" wurde in Zusammenarbeit des Werkschutzes der FSAB mit den Mitgliedern des Arbeitskreises für Unternehmenssicherheit (AKUS), der Deutschen Industrie und Handelskammer (DIHK) und der Arbeitsgemeinschaft für Sicherheit in der Wirtschaft (ASW), in enger Kooperation mit den öffentlichen Gefahrenabwehrbehörden, erstellt.

Die „Dienstanweisung für den Werkschutz" basiert auf den wertvollen Erfahrungen und Anregungen all jener genannten Partner und stellt somit ein im Sicherheitsbereich bisher einzigartiges Kooperationsprojekt dar.

Ich bin stolz Ihnen diese Anleitung für Ihren praktischen, alltäglichen Dienst zur Seite stellen zu können.

Mit freundlichen Grüßen

Ihr Reinhard Möller

Head of Corporate Security

---

[9] Dienstanweisung beruht auf der Arbeit "Dienstanweisung für den Werkschutz" der IHK Berlin/AKUS von 2001

1   Personal

1.1   Rechtsgrundlagen

Der Werkschutz ist eine private Einrichtung zum Schutze der Werke und Betriebe, der Belegschaft sowie auch dritter Personen (z.B. Geschäftspersonen, Besucher). Ihm stehen keine polizeilichen oder andere öffentlich rechtlichen Befugnisse zu.

Die Mitarbeiter des Werkschutzes handeln im Wesentlichen im Rahmen des Hausrechts. Zum eigenen Schutz kann er die gleichen Rechte in Anspruch nehmen, wie jeder Privatmann („Jedermannsrechte"). Bedeutend für den Mitarbeiter im Werkschutz ist seine Verpflichtung, alles Zumutbare zu veranlassen, um Personen sowie das Eigentum und den Besitz des Unternehmens zu schützen (Garantenpflicht). Diese Garantenpflicht gilt für das Eigentum der Mitarbeiter, für das Eigentum anderer, unternehmensfremder Personen, für das eine Obhutpflicht des Unternehmens besteht, und für sonstige Rechtsgüter, deren Schutz dem Werkschutz ausdrücklich übertragen wurde.

Rechtsgrundlagen für die Tätigkeit des Werkschutzes sind die Regelungen in Gesetzen, Verordnungen und Unfallverhütungsvorschriften über die:

- Sicherheit im Betrieb
- Gesetzlichen Regelungen über die Eigentums- und Besitzschutzrechte
- Selbsthilfe- und Notrechte Privater
- Betriebsvereinbarungen, insbesondere Arbeitsordnung
- Arbeitsverträge, einschließlich der sich aus der Treuepflicht der Mitarbeiter gegenüber dem Unternehmen abgeleiteten Verpflichtung, das Unternehmen nicht zu schädigen
- Fürsorgepflicht des Unternehmens gegenüber seinen Mitarbeitern
- arbeitsrechtliche Weisungsrechte des Unternehmens gegenüber seinen Mitarbeitern
- Verträge des Unternehmens mit Dritten, soweit in ihnen sicherheitsrelevante Rechte und Pflichten geregelt sind

1.2   Erscheinungsbild

Der Werkschutz ist – insbesondere im Tor- und Empfangsdienst – die „Visitenkarte" des Unternehmens. Der einzelne Werkschutz-Mitarbeiter ist der erste Unternehmensangehörige, mit dem außenstehende Personen in Kontakt kommen. Aus seinem Erscheinungsbild, Auftreten und Verhalten werden Kunden, Besucher und andere Gäste Rückschlüsse auf das Unternehmen ziehen.

Aus diesem Grunde wird ein einwandfreies, sicheres Auftreten, gewandte Ausdrucksweise, korrekte Dienstkleidung, höfliche Umgangsformen, Aufmerksamkeit und Hilfsbereitschaft, Zuverlässigkeit und Umsicht von den Mitarbeitern des Werkschutzes gefordert. Jedes Tätigwerden muss von den Grundsätzen der Notwendigkeit, Rechtmäßigkeit, Verhältnismäßigkeit und Objektivität geprägt sein.

Rauchen, Essen und Trinken sowie der Betrieb von Kassettenrecordern, Radio- und Fernsehgeräten sind im Umgang mit Unternehmensangehörigen und unternehmensfremden sowie während des Wach- und Streifendienstes nicht gestattet. Diese Tätigkeiten lenken von der gewissenhaften Aufgabenerfüllung ab und erscheinen außerdem als Akt mangelnder Wertschätzung.

Der Betrieb von den oben aufgeführten Unterhaltungsmedien ist nur in den Pausen- und Bereitschaftszeiten in den dafür vorgesehenen Räumlichkeiten gestattet.

Insbesondere ist es an den Pforten und Toren untersagt, persönliche Dinge wie Zeitschriften, Nahrungsmittel und dergleichen offen abzustellen beziehungsweise zu verwahren.

Private Arbeiten oder Tätigkeiten sind den Mitarbeitern des Werkschutzes während des Dienstes grundsätzlich nicht gestattet. Dies betrifft auch private Telefongespräche von geschäftlichen Telefonen, da die ständige dienstliche Erreichbarkeit über den Telefonanschluss gewährleistet bleiben muss.

Das Lesen von Büchern, Zeitungen, Zeitschriften und dergleichen ist während des Dienstes ebenfalls nicht gestattet. Ausnahme bilden Dienstanweisungen oder andere für die Durchführung des Dienstes notwendige Schriften und / oder Unterlagen.

1.3   Dienstbekleidung

Korrekte Dienstbekleidung ist unverzichtbare Voraussetzung eines ansprechenden äußeren Erscheinungsbildes. Im Dienst ist der zur Verfügung gestellte Dienstanzug zu tragen. Schuhe und Strümpfe sollen in gedecktem Farbton zum Dienstanzug passen, falls keine vom Unternehmen gestellt werden.

Wo mehrere Mitarbeiter an einem Platz ihren Dienst verrichten, ist auf Einheitlichkeit zu achten. Insbesondere bei Außenkontrollen kann die Kenntlichmachung des Trägers durch Dienstkleidung als beauftragtes oder befugtes Sicherheits- und Ordnungsorgan des Unternehmens sogar von rechtlicher Bedeutung sein.
Die Dienstkleidung oder Teile davon dürfen nur im Dienst getragen werden. Jede private Nutzung ist nicht gestattet, dies betrifft auch den Weg von und zur Arbeitsstelle. Alle Ausrüstungsgegenstände sowie die Dienstbekleidung sind von den Mitarbeitern des Werkschutzes in sauberem und gepflegtem Zustand zu halten.

1.4   Alkohol / Medikamente

1.4.1   BVG C 7 § 5 Verbot berauschender Mittel

Der Genuss von alkoholischen Getränken und die Einnahme anderer berauschender Mittel sind während der Dienstzeit verboten. Dies gilt auch für einen angemessenen Zeitraum vor dem Einsatz. Bei Dienstantritt muss Nüchternheit gegeben sein.

1.4.2   Dienstanweisung zu § 5

Der Genuss von Alkohol oder ähnlich wirkenden Mitteln stellt eine Gefährdung dar und gewährleistet nicht mehr die sichere Durchführung der jeweiligen Tätigkeit. Es besteht Dienstunfähigkeit, die einen Einsatz nicht zulässt. Auf Grund der bestehenden Fürsorgepflicht können durch den Unternehmer oder von ihm Beauftragte Hilfe leistende Maßnahmen zu treffen sein.
Während der gesamten Dienstzeit einschließlich Bereitschaftszeit ist der Genuss alkoholischer Getränke und sonstiger berauschender Mittel untersagt. Der Dienstantritt in berauschtem Zustand ist nicht zulässig.

Da auch alkoholfreies Bier eine typische „Bierfahne" hinterlässt, könnte bei anderen Personen der Eindruck entstehen, dass der Werkschutz-Mitarbeiter alkoholisiert sei. Um diesen Anschein zu vermeiden, ist auch der Genuss von alkoholfreiem Bier kurz vor und während der Dienstzeit nicht gestattet.

Auch verschiedene Medikamente und Drogen, z.B. Schmerz-, Beruhigungs- und Aufputschmittel etc., beeinflussen den menschlichen Körper derart, dass die Reaktions- und / oder Denkfähigkeit stark eingeschränkt werden kann. Da eine verminderte Einsatzfähigkeit mit dem Dienst im Werkschutz nicht vereinbar ist, da auch die Fürsorgepflicht des Vorgesetzten dies im Sinne des Werkschutz-Mitarbeiters ausschließt (Unfallgefahr, Eigensicherung etc.), ist nach Einnahme derartiger Mittel kein Dienst im Werkschutz mehr zulässig.

1.5 Annahme von Geschenken

Gegen die Annahme üblicher Gelegenheitsgeschenke von geringem Wert (bis zu 15,00 €) bestehen keine Bedenken. Bei besonderen Anlässen (z.B. Weihnachten) entscheidet zugunsten der Gleichbehandlung aller Werkschutz-Mitarbeiter über die Verteilung der Geschenke der Vorgesetzte, es sei denn, sie wurden gewollt zum persönlichen Verbleib (z.B. Geburtstag) überreicht.

Die Annahme von Geschenken ist dann verboten, wenn der Schenkende dadurch unberechtigte dienstliche Vorteile oder Vergünstigungen erlangen will oder erwartet beziehungsweise beim Beschenkten ein Verdacht dahingehend besteht.

1.6 Verschwiegenheit, Auskünfte

Der einzelne Mitarbeiter des Werkschutzes hat über Vorgänge, Absichten, Regelungen und Einrichtungen, die für die Sicherheit des Unternehmens von Bedeutung sind, Verschwiegenheit zu wahren. Dies gilt auch für die Zeit nach seinem Ausscheiden aus dem Unternehmen. Dazu hat er eine entsprechende Erklärung zu unterschreiben. Im Auskunfts- und Telefondienst dürfen betriebliche Informationen – dazu zählen auch Angaben über Dienststellen, Mitarbeiter, Telefonnummern und dergleichen – nur gegeben werden, wenn im Einzelfall geprüft ist, dass die Information notwendig ist. Im Zweifelsfall ist zurückzurufen oder Rücksprache mit den Betroffenen oder dem Vorgesetzten zu halten. Über Privatangelegenheiten darf keine Auskunft gegeben werden, es sei denn, es liegt ein Auftrag oder ein Einverständnis des Betroffenen vor.

1.7 Eigensicherung

Die Vielfalt der Dienstverrichtungen lässt eine abschließende Behandlung aller Fragen der Eigensicherung nicht zu. Es kommt wesentlich darauf an, dass stets an das Vermeiden gefahrenträchtiger Situationen gedacht wird und scheinbar harmlose alltägliche Abläufe ständig neu diesbezüglich überprüft werden. Eigensicherung muss auch die Sorge um das Wohl der Kollegen miteinbeziehen. Das Thema wird auch Bestandteil regelmäßiger Schulungen sein und anlässlich aktueller Vorkommnisse von allen Vorgesetzten behandelt werden.

Die wesentlichen Grundsätze werden nachfolgend stichwortartig zusammengefasst. Sie müssen besprochen und ständig geübt werden:

- „Nicht den Helden spielen", keine Alleingänge in kritischen Situationen
- Zurückziehen, Beobachten, Melden
- Ausrüstung überprüfen und mitnehmen (Funk, Taschenlampe, Signalgerät)
- Ständige Aufmerksamkeit
- Überblick verschaffen
- Verbindung halten (z.B. zur Leitstelle)
- rechtzeitige Signale geben
- Erkennungsmerkmale und Codewörter absprechen

1.8 Aus- und Fortbildung

Der Vorgesetzte ist für die theoretische und praktische Aus- und Fortbildung des Werkschutz-Personals verantwortlich. Die Mitarbeiter des Werkschutzes sind verpflichtet an den internen und externen Ausbildungsveranstaltungen und Lehrgängen teilzunehmen. Dies betrifft insbesondere die Unterweisung der Mitarbeiter entsprechend der VBG 1, § 7 über die möglichen Gefahren bei der Ausübung ihrer Tätigkeit. Die Ausbildung muss jährlich wiederholt werden.

Reaktionsfähigkeit und Einsatzbereitschaft des Werkschutzes werden in Übungen geschult. Jeder Werkschutz-Mitarbeiter hat sich auch durch Selbststudium dieser Dienstanweisung und einschlägiger Fachliteratur ständig fortzubilden.

2 Tordienst

Überwachung, Regelung und Kontrolle des Personenverkehrs

2.1 Kontrolle der Beschäftigten mittels Werkausweis

Der Ausweis berechtigt den Inhaber zum Betreten des Werkgeländes in der mit ihm vertraglich festgelegten Arbeitszeit. Der Ausweis ist grundsätzlich beim Betreten beziehungsweise Verlassen des Werkgeländes dem Werkschutz vorzuzeigen.

Durch die unterschiedliche Gestaltung der Werksausweise werden besondere Einschränkungen oder Berechtigungen für den Ausweisinhaber kenntlich gemacht.

Diese Vielzahl an Gestaltungsmöglichkeiten und die damit verbundenen Berechtigungen oder Einschränkungen müssen den Mitarbeitern des Werkschutzes bekannt sein und in schriftlicher Form zum Abgleich vorliegen.

Der Werkschutz ist verpflichtet sich durch gezielte Identitätskontrollen von der Richtigkeit der Angaben des Ausweisinhabers zu überzeugen. Unternehmensangehörige ohne Ausweis werden der Personalabteilung gemeldet. Gegebenenfalls müssen vor Zutritt auf das Werkgelände die Personalien überprüft werden. Das Verlassen des Geländes hat während der Arbeitszeit, zum Beispiel mit einem Passierschein oder Sonderausweis, nur über ein personell durch den Werkschutz besetztes Tor zu erfolgen. Das Verlassen des Werkgeländes ohne Berechtigung ist unzulässig.

Die Berechtigung wird bei Verlassen und Betreten des Werkes durch den Werkschutz geprüft. Passierscheine werden mit der Uhrzeit gestempelt und anschließend der Personalabteilung zur Verfügung gestellt.

Das Betreten des Geländes außerhalb der Arbeitszeit für begründete Ausnahmen muss geregelt sein. Bei notwendiger Mehrarbeit und Arbeiten außerhalb der betriebsüblichen Zeiten, insbesondere an Wochenenden, sind die Namen der betroffenen Mitarbeiter dem Werkschutz rechtzeitig auf geeigneten Formblättern aus der Personalabteilung mitzuteilen.

2.2   Fremdfirmenausweise

Mitarbeiter von Fremdfirmen werden grundsätzlich vor Arbeitsbeginn dem Werkschutz gemeldet. Die Meldung erfolgt schriftlich durch die betreuende beziehungsweise beauftragte Fachabteilung. Die Liste der gemeldeten Fremdfirmenangehörigen (FFA) ist Arbeitsunterlage des Werkschutzes. Der Werkschutz kontrolliert anhand dieser Liste die Ein- und Ausgänge der Fremdfirmenangehörigen.

Der Zu- und Abgang von FFA hat grundsätzlich über personell besetzte Tore / Pforten zu erfolgen. FFA ohne Ausweis tragen sich vor Arbeitsbeginn in die Fremdfirmenliste ein und erhalten daraufhin einen Werkausweis für Fremdfirmenangehörige. Nach Beendigung der Arbeit tragen sich die FFA wieder aus der Fremdfirmenliste aus und geben den entsprechenden Ausweis für FFA wieder ab. Der Werkschutz muss die Angaben durch Kontrolle der Personalpapiere gegebenenfalls überprüfen. FFA mit einer längeren Arbeitsanwesenheit erhalten ebenfalls einen gesonderten Fremdfirmenausweis. Dieser Ausweis liegt denselben Sicherheitsstandard zugrunde wie der Werkausweis von Unternehmensangehörigen. Er beinhaltet ein Lichtbild und gegebenenfalls die Kodierung, um den Zutritt über vorhandene Kontrollsysteme zu ermöglichen.

2.3   Behältniskontrollen

Zum Schutz des Eigentums von Unternehmen und Privatpersonen können im Unternehmen und an den Toren Kontrollen durchgeführt werden (siehe Betriebsvereinbarung Toreingangs- / Ausgangskontrolle). Hierzu haben alle Mitarbeiter einschließlich der Fremdfirmenangehörigen dem Werkschutz auf Verlangen ihre Behältnisse geöffnet vorzuzeigen und notfalls selbst zu entleeren.

Die Möglichkeiten der Kontrolle von Besuchern / Fremdfirmenangehörigen ist in den Text der Besucherscheine / Vertragsunterlagen mit Fremdfirmen eingearbeitet. Hierdurch kann der Werkschutz auch Kontrollen bei oben angeführten Personengruppen vornehmen.

Die Auswahl erfolgt durch ein unabhängiges Gerät (Zufallsgenerator).
Alle Kontrollen sind mit der nötigen Rücksichtnahme durchzuführen.

2.4   Besucherordnung

Die Besucherordnung regelt den Besuchsverkehr innerhalb des Werkes für folgende drei Personenkreise unterschiedlich:

- Einzelne Besucher
- Besuchergruppen
- Personen mit Sonderzugangsrechten, z.B. Zoll, Feuerwehr, Polizei, Gewerbeaufsicht, Technische Aufsichtsbeamte der Berufsgenossenschaften

Alle Besucher sollen dem Werkschutz, soweit möglich, rechtzeitig vor dem Besuchstermin gemeldet werden.

Einzelne Besucher füllen das Besuchsformular persönlich mit Durchschrift aus. Vom Werkschutz werden diese Angaben mit Bestätigungsvermerk auf dem Besucherschein überprüft. Die Besucher werden dem Besuchsempfänger angekündigt. Der Besucherschein wird mit einem Eingangsstempel (Tag und Uhrzeit) versehen und gilt in Verbindung mit dem auszuhändigenden Besucherausweis als Legitimationspapier des Unternehmensfremden.

Die mit dem Werkgelände nicht vertrauten Besucher müssen durch die zu besuchende Abteilung oder den Besuch empfangenden Mitarbeiter am Werkstor abgeholt werden.
Bei Besuchergruppen, die grundsätzlich vorher angemeldet sein müssen, füllt nur der Besuchsgruppenleiter die Besuchsanmeldung aus. Es wird der Zusatz „Besuchergruppe" und die Anzahl der Personen eingetragen. Die Besuchergruppen werden ohne Ausnahme am Tor / Pforte durch den Führenden in Empfang genommen und nach Beendigung der Führung zurückgeleitet. Bild- und Tonaufnahmegeräte sind vor dem Betreten des Werkes am Tor / Pforte zu hinterlegen. Der Besucher füllt diesbezüglich ein Formular aus.

Das Original der Besuchsanmeldung ist dem Besucher auszuhändigen, der Durchschlag ist durch den Werkschutz sicher zu verwahren. Nach Beendigung der Besuchszeit wird vom Besuchten der Besucherschein unterschrieben und die Uhrzeit eingetragen. Beim Verlassen des Werkgeländes wird der Besucherschein vom Werkschutz mit einem Ausgangsstempel versehen. Größere Zeitdifferenzen zwischen dem Quittieren des Besucherscheins und dem Verlassen des Geländes sind durch den Werkschutz zu klären.

Beim Weiterleiten des Besuchers an eine andere Stelle im Werk wird von dem Besuchten die Besuchsanmeldung entsprechend ausgefüllt.

Sobald ausgefülltes Original und Durchschrift der Besuchsanmeldung beim Werkschutz vorliegen, ist erwiesen, dass der Besucher das Werkgelände verlassen hat. Ist dies nach Schluss der regulären Arbeitszeit nicht der Fall, so ist beim Besuchten nachzufragen, ob sich der Besucher noch bei ihm aufhält. Sollte dies nicht der Fall sein, so hat der Werkschutz den Verbleib des Besuchers zu klären.

Die Besucherscheine sind zu sammeln und für einen Zeitraum von drei Wochen aufzubewahren. Besuchern mit Pkw ist, soweit keine zwingenden Gründe zum Befahren des Geländes vorliegen, nach Möglichkeit ein Parkplatz außerhalb des Geländes zuzuweisen.

Für Besucher mit Sonderzugangsrechten entfällt das Ausfüllen einer Besucheranmeldung. Diesen Personen ist nach Vorzeigen ihres Dienstausweises der Zugang zum Werkgelände zu gewähren. Während der Normalarbeitszeit ist in Verbindung mit dem Dienstausweis ein Passieren ungehindert möglich. Dem Werkschutz obliegt die Information der zuständigen Abteilung beziehungsweise der Unternehmensleitung.
Außerhalb der Normalarbeitszeit sollen Inhaber von Sonderzugangsrechten grundsätzlich von auskunftsberechtigten Unternehmensangehörigen begleitet werden. Begleitpersonen – meist von der Geschäftsleitung hierzu bestimmte Beauftragte – sind nach den unternehmensinternen Anweisungen hierzu anzufordern. Parkplätze können diesem Besucherkreis, soweit es sich um kurzfristige Besuche handelt, auf dem Gelände zugewiesen werden.

Kindern ist – wegen Eigengefährdung – das Betreten des Werkgeländes nicht gestattet. Besondere Besucher, die dem Werkschutz durch die Geschäftsleitung angekündigt werden, können das Gelände ohne Kontrolle und Registrierung betreten und verlassen.

3 Überwachung, Regelung und Kontrolle des Fahrzeugverkehrs

Es werden üblicherweise drei Kategorien von Fahrzeugen unterschieden:

- Unternehmenseigene Fahrzeuge
- Fahrzeuge von Unternehmensangehörigen
- Unternehmensfremde Fahrzeuge

Kriterien der Kontrolle und Überwachung sind:

- Zufahrtsberechtigung (Lieferschein, Fahrauftrag etc.)
- Fahrzeugregistrierung
- Parkplatzzuweisung
- Fahrzeugkontrolle

3.1 Unternehmenseigene Fahrzeuge

Für unternehmenseigene Fahrzeuge stehen ausgewiesene Parkplatzflächen auf dem Gelände zur Verfügung. Eine Ausfahrtkontrolle der Fahrzeuge, besonders von Transportfahrzeugen, hat zu erfolgen. Zu kontrollieren sind Fahrauftrag und, sofern möglich, der Lade- / Frachtraum. Ein Abgleich mit dem Fahrauftrag hat zu erfolgen. Fahrzeug und Ladung sind, sofern es der betriebliche Ablauf gewährt, auf Sicherheitsmängel hin zu überprüfen.

3.2 Fahrzeuge von Unternehmensangehörigen

Aus Gründen der Sicherheit sind private Kfz außerhalb des Werkgeländes auf den hierfür vorgesehenen Parkflächen abzustellen. Nur in Sonderfällen darf das Werkgelände befahren werden. Der Werkschutz kann im Einzelfall kurzfristige Einfahrten genehmigen.

Ausnahme bilden jene Unternehmensangehörigen, denen ein Parkplatz auf dem Gelände zugewiesen wurde. Diese müssen den jeweiligen Parkausweis ständig sichtbar im Fahrzeug mitführen.

Fahrzeuge von Unternehmensangehörigen sind von den üblichen Kontrollen nicht auszunehmen. Diese Regelung trifft nicht auf Fahrzeuge der Unternehmensleitung zu.

3.3 Unternehmensfremde Fahrzeuge

Fahrzeuge von Unternehmensfremden dürfen nur dann eingelassen werden, wenn diese für Arbeiten am Ort selbst benötigt werden und die entsprechenden Geräte mitführen. Ein Parkplatz nahe dem Einsatzort ist zuzuweisen. Lieferanten- oder Abholerfahrzeuge sind grundsätzlich direkt an die Warenannahme / den Versand weiterzuleiten, gegebenenfalls an eine andere Empfänger- / Abholer-Abteilung, zum Beispiel die Kantine. Die Fahrer dieser Transportfahrzeuge erhalten eine Ladekarte, auf der die jeweilige Fracht ausgewiesen ist.

Bei Dauerlieferfahrzeugen, wie dem Frischedienst für die Kantine, ist die Kontrolle dahingehend vereinfacht, dass ein dauerhafter Anlieferungsschein am Tor vorliegt. Eine Kontrolle von Fracht ist nicht mehr zwingend erforderlich, wohl aber die Kontrolle des Lieferscheins.

Durch die Einfahrtberechtigung unterwerfen sich auch die Fahrer und Beifahrer unternehmensfremder Fahrzeuge den Kontrollbestimmungen. Fahrern unternehmensfremder Fahrzeuge, die sich den Kontrollmaßnahmen widersetzen, ist die Einfahrt zu verweigern. In derartigen Fällen ist zu überprüfen, ob dem betreffenden Fahrer künftig Hausverbot zu erteilen ist. Davon muss der Arbeitgeber des mit dem Hausverbot belasteten Fahrers unterrichtet werden.

Grundsätzlich kann sich die Kontrolle des Fahrzeuges auf das Fahrzeug selbst, die Ladung und die Fahrer beziehen.

4 Überwachung, Regelung und Kontrolle des Güterverkehrs

4.1 Warenannahme

Die Aufgaben des Werkschutzes beschränken sich auf die Kontrolle der Lieferscheine und die Einweisung der Fahrzeuge zur Warenannahme. Auf Sicherheitsmängel bei Fahrzeug und Frachtunterbringung ist ebenfalls zu achten.

4.2 Versand

Der Werkschutz kontrolliert die Warenbegleitpapiere / Torkontrollscheine, insbesondere die Abstempelung der Torkontrollscheine und deren entsprechende Weiterleitung, zum Beispiel an die Rechnungsabteilung. Auf Sicherheitsmängel bei Fahrzeug und Frachtunterbringung ist ebenfalls zu achten.

Soweit Waren oder Produktionsmittel von Personen (Beschäftigten) mitgenommen oder in das Werk eingebracht werden, sind entsprechende Erlaubnisscheine, Begleitpapiere, Hinterlegungsscheine oder Leihscheine vorzuweisen.

4.3 Waagedienst bei Massengütern und bei Abfallabfuhr

Der Waagedienst ist Angelegenheit des Werkschutzes. Die Wiegeunterlage ist ein fester Bestandteil des Torkontrollscheins, der zum Verlassen des Werkgeländes notwendig ist.

Die Abfallabfuhr ist durch den Werkschutz zu kontrollieren. Der Werkschutz ist an der Schnittstelle zur Öffentlichkeit in die Kontrollmechanismen der Umweltschutzgesetzgebung des Abfallbeseitigungsgesetzes mit eingebunden. Der damit verbundene Umfang der Kontrolle ist gemeinsam mit dem Umweltschutzbeauftragten abgestimmt.

5 Sonstige Tor / Pfortendienste

5.1 Fundsachen – Bearbeitung von Verlustmeldungen

Fundsachen werden in Absprache mit der örtlichen Fundbehörde (Polizei) entgegengenommen. Sie sind ordnungsgemäß zu verwahren und nicht zu verändern. Gegenstände, die auf dem Werkgelände gefunden werden, gelten nicht mehr als „Fund" im Rechtssinne (Entscheidung des Bundesgerichtshofes vom 24.06.87). Aus praktischen Erwägungen wird jedoch, mit Ausnahme der für den Finder bestehenden Regelung (Finderlohn), an dem oben geschilderten Verfahren festgehalten. Verlustmeldungen sind entgegenzunehmen und der Belegschaft in geeigneter Form zu Kenntnis zu bringen.

5.2 Erste Hilfe

Die Mitarbeiter des Werkschutzes sind in der „Ersten Hilfe" gesondert zu unterweisen und zu schulen. Sie sind zur Hilfeleistung als Ersthelfer verpflichtet bis das medizinische Notfallpersonal sie von diesen Aufgaben entbindet. Erste-Hilfe-Material ist in allen Einrichtungen des Werkschutzes vorhanden und regelmäßig auf Vollzähligkeit hin zu überprüfen. Vorgenommene Erste-Hilfe-Leistungen sind auf entsprechenden Vordrucken festzuhalten. Diese sind dem medizinischen Notfallpersonal unaufgefordert auszuhändigen.

5.3 Telefondienst

Der Werkschutz übernimmt nach Beendigung der Normalarbeitszeit den Telefondienst. Für die Entgegennahme von Gesprächen sind unternehmensinterne Anordnungen zu beachten. Die Weitergabe von privaten Telefonnummern ist keinesfalls gestattet. In dringenden Fällen hat der Werkschutz hierfür die Vermittlung durchzuführen.

Zur Übernahme des Telefondienstes gehört die Kenntnis über die Verhaltensmaß-regeln bei telefonischen Bombendrohungen, die Entgegennahme von Meldungen über besondere Vorkommnisse und Katastrophenmeldungen sowie des Weiteren die Kenntnis über die Alarmweitergabe gemäß Alarmplan.

6 Objektschutz

6.1 Wach- und Streifendienst zur Abwehr äußerer Gefahren

Die Maßnahmen im Wach- und Streifendienst sind geprägt von:

- der Werksart
- der Werksstruktur und der örtlichen Lage
- dem Produktionsprogramm
- der Umweltgefahr

Hiervon wird die Intensität der aufrechtzuerhaltenden Wach- und Kontrollgänge / -fahrten beeinflusst, da sich aus den einzelnen Eigenarten des Werkes unterschied-lich mögliche Gefahren entwickeln können. Ein weiterer maßgeblicher Einflussfak-tor auf die Anzahl der Wach- und Streifendienste stellen die Versicherungsbedin-gungen dar.

Die Wach- und Streifengänge / -fahrten erfolgen nach Anweisung in unregelmäßi-gen Abständen und erfolgen schwerpunktbedingt.

Streifen werden sowohl tagsüber als auch schwerpunktmäßig in den Abend- und Nachtstunden durchgeführt. Aufgabe der Wach- und Streifendienste ist die Kon-trolle der gesamten Außenflächen, Gebäude und Einrichtungen auf dem Werkge-lände. Schwerpunktmäßig sind alle Bereiche zu kontrollieren, aus denen sich Ge-fährdungen entwickeln können.

Bei der Durchführung von Kontrollgängen / Streifen dienen als Hilfsmittel und gegebenenfalls zur Sicherung des Werkschutz-Mitarbeiters:

- die für die jeweilige Begehung erforderlichen Schlüssel
- Funksprechgerät
- Wächterkontroll-Einrichtungen (Kontrolluhren oder Datensammler)
- telefonische Zeitintervallmeldungen

- Lampen (explosionsgeschützt)
- Fernglas
- Wachhund
- Mittel zur Selbstverteidigung

Kontrollgänge dienen der Sicherung von Sach- und Vermögenswerten gegen Gefahren durch:

- Menschen
- Feuerschaden
- Wasserschaden
- Umweltschäden

Durch die örtliche Lage des Werkes besonders gefährdete Außenbereiche sind in regelmäßigen Abständen durch Zustandsüberprüfung zu kontrollieren.

An Stellen, wo sich so genannte Schwachstellen der Außenabsicherung befinden oder wichtige Abteilungen Zugriffsmöglichkeiten von Außen bieten, unter anderem

- Rechenzentrum und Datenleitungen
- Telefonzentrale
- Energiezentrale
- Alarmanlagen
- Wichtige Fertigungsanlagen („Engpass-Maschinen")
- Lager von konsumnahen Produkten
- Gefahrstofflager

sind verstärkte Kontrollen durchzuführen. Die Außenbereiche sind auf ordnungsgemäßen Zustand der Einfriedung hin zu überprüfen. Außenflächen von Gebäuden sind über den Erdgeschossbereich hinaus auf Verschluss von Türen und Fenster hin zu überprüfen. Die über dem Erdgeschoss liegenden Stockwerke sind somit mit zu kontrollieren.
Bei und nach besonders starken Regenfällen müssen Dachräume, Kellerbereiche sowie tiefliegende Unternehmensbereiche besonders intensiv überprüft werden.

Durch eine hohe Anzahl von Kontrollgängen, unterstützt durch technische Einrichtungen (z.B. die Geländebeleuchtung, Überwachungskameras) ist eine möglichst intensive Beobachtung von Frei- und Hofflächen sicherzustellen.

6.2   Abwehr unternehmensbedingter Gefahren

Durch Nachlässigkeit der Unternehmensangehörigen entstehende Gefährdungen wie

- nicht verschlossene Türen und Fenster
- Nichtausschalten von Versorgungsleitungen (Elektrizität, Gas, Wasser, Druckluft)
- Bruch von Versorgungsleitungen
- Leckage an Behältern von gefährlichen Hilfs- und Betriebsstoffen
- unkontrollierte Schweißarbeiten
- unbeobachtete Dauerversuche

können mittels der Durchführung intensiver Kontrollgänge durch alle Abteilungen in Produktion, Lager und Verwaltung reduziert werden.

6.3   Gefahrenmeldeanlagen

In besonders sicherheitsempfindlichen Unternehmensbereichen oder wichtigen Werkteilen, die nicht dauernd unter menschlicher Kontrolle gehalten werden, sind Meldeanlagen installiert, die dem Gefährdungspotential des jeweiligen Unternehmensteiles entsprechen (z.B. Einbruchmeldeanlagen, Brandmeldeanlagen, technische Alarme, Kameraüberwachung). Die Alarmschaltungen laufen in der am Tag und in der Nacht besetzten Leitstelle des Werkschutzes zusammen, um schnellstmöglich Sofortmaßnahmen einleiten zu können. Die Scharf- und Unscharfschaltung der Meldeanlagen erfolgt durch den Werkschutz.

Der erste Kontrollrundgang hat kurz nach Arbeitsende zu erfolgen. Kontrollen von Schweißarbeiten und Dauerversuchen werden entsprechend den festgelegten Zeitvorgaben ausgeführt. Heizungs- und Kraftanlagen werden im Rahmen der Kontrollgänge auf Störungen überprüft, diese werden weitergemeldet beziehungsweise nach Anweisung behoben. Zur Abwehr unternehmensbedingter Gefahren werden während der regulären Arbeitszeit folgende Kontrollgänge durchgeführt:

- Inspektion der Verkehrs- und Rettungswege inner- und außerhalb der Gebäude
- Bestreifung der Parkplätze
- Beachtung der ordnungsgemäßen Lagerung gefährlicher Güter und Reste

- allgemeine Überprüfung (soweit erkennbar) unbefugter oder verdächtiger Personen

Darüber hinaus ist bei der Durchführung der Kontrollgänge während der Arbeitszeit wichtig die Überprüfung von:

- Garderobenräumen
- Sozialräumen
- Ungenutzten Räumen
- Tätigkeiten von Fremdpersonal
- Einhaltung der Unfallverhütungsvorschriften
- Betriebsbereitschaft von Feuerlöscheinrichtungen und Hilfsgeräten
- Einhaltung von Ge- und Verboten
- Freihalten von Flucht- und Rettungswegen
- Überprüfung von Notausgangstüren

6.4   Schließwesen

Der Verschluss von Innen- und Außentüren, Zufahrten und Toreingängen ist entsprechend der Regelungen zu überprüfen. Notausgangstüren sind dahin zu überprüfen, dass sie von außen nicht zu öffnen sind.

Die Schlüsselverwaltung obliegt dem Werkschutz, der somit ebenfalls den Plan über die Verschlussanlagen führt. Die vom Werkschutz verwalteten Schlüssel sind in einem gesicherten Schlüsselschrank aufzubewahren. Die Entnahme und Rückgabe ist zu registrieren. Über Verlust von Schlüsseln ist unverzüglich eine Meldung anzufertigen. Eine genaue Trennung und besondere Kontrolle übergeordneter Schlüssel, zum Beispiel für das Reinigungs- und Werkschutzpersonal, hat zu erfolgen. Übergeordnete Schlüssel sind nur an dafür ermächtigte Personen auszugeben und dürfen nur gemäß der Anweisung herausgegeben werden. Sonder- und Notfallschlüssel sind versiegelt in einem Tresor aufzubewahren.

6.5   Wahrnehmung des Alarmdienstes

Alarmpläne für Katastrophen wie Explosionen, Feuer, Wasserrohrbruch, Umweltschäden und Unfall sowie Bombendrohung sind vorhanden und liegen dem Werkschutz vor.

Innerhalb des Alarmplans übernimmt der Werkschutz seine ihm zugewiesene Aufgaben. Die Alarmpläne müssen in regelmäßigen Abständen überprüft und aktualisiert werden (z.B. hinsichtlich der Adressen, der Telefonnummern, der Änderungen durch Umbaumaßnahmen etc.).

Alarmpläne müssen mindestens beinhalten:

Alarmierungsablauf – wer ist wann, in welcher Reihenfolge zu informieren

- Information der Feuerwehr, Polizei
- Alarmierung der internen Einsatzleitung
  (Werkschutz, Werkfeuerwehr, med. Notfallpersonal)
- Information der internen Notdienstmannschaft für Wasser,
  Gas, Elektroversorgung, Heizung etc. entsprechend dem Vorfall
- Veranlassen technischer Schaltungen wie Aufzug
  festsetzen, Klimaanlagen ausschalten

Bereitstellen der Alarmunterlagen für die Hilfskräfte

- Werklageplan
- Einzelpläne: Gas, Wasser, Elektroversorgung,
  Abwasser, Brandschutzeinrichtungen, betriebliche Gefahrenpunkte
- Vollständiges Telefon- und Adressenverzeichnis
  der Notdienstmannschaften
- Führungspersonal – Werkschutzleitung

7 Betrieblicher Brandschutz

7.1 Vorbeugender Brandschutz

Der Werkschutz ist im Werk ständig anwesend und nimmt in Folge dessen unterstützende Belange des vorbeugenden und teilweise auch des abwehrenden Brandschutzes wahr. Der Werkschutz unterstützt in der Aufgabenerfüllung die Werkfeuerwehr und führt folgende Kontrollen in Bezug auf den vorbeugenden Brandschutz durch:

- Durchführung von Schweißkontrollen nach Beendigung der Arbeitszeit
- Überprüfung der Einhaltung der schriftlichen Auflagen des Brandschutzbeauftragten
- Kontrolle der Unversehrtheit von Feuerlöschern und sonstigen der Brandbekämpfung dienenden Gerätschaften und Einrichtungen
- Einhaltung des Rauchverbots auf dem Unternehmensgelände
- Freihalten von Flucht- und Rettungswegen

7.2 Abwehrender Brandschutz

Die Brandbekämpfung ist Aufgabe der Werkfeuerwehr. Der Werkschutz unterstützt die Werkfeuerwehr. Die Mitarbeiter des Werkschutzes nehmen mindestens einmal jährlich an Übungen der Werkfeuerwehr teil um sich mit Handhabung von Feuerlöschgeräten und der Vorgehensweise im Brandfall vertraut zu machen.
Bei der Branderkennung hat der Werkschutz - unter Beachtung der Eigensicherung - nachstehende vordringliche Maßnahmen einzuleiten beziehungsweise durchzuführen:

- Menschenrettung
- Schadensmeldung
- Brandbekämpfung
- Einweisung von Feuerwehr und Hilfskräften
- Aushändigung von notwendigen Plänen und Schlüsseln an die Feuerwehr
- Absperrmaßnahmen

8 Hilfsfunktionen des Werkschutzes

8.1 Mithilfe bei der Unfallverhütung

Aufgrund der vom Werkschutz durchzuführenden gesetzlichen und routinemäßigen Kontrollen ist jeder Werkschutz-Mitarbeiter verpflichtet, Unfallquellen zu erkennen, abzusichern und zu melden sowie auf die Einhaltung der Sicherheitsvorschriften, zum Beispiel Einhaltung des Rauchverbots, Freihaltung von Flucht- und Rettungswegen und auf die Benutzbarkeit von Rettungsgeräten zu achten.

8.2   Mithilfe bei Umweltschutzaufgaben

Der Werkschutz hat erkennbare Schäden, die zu einer Umweltgefährdung führen können, sofort an die hilfeleistenden Stellen zu melden. Der Werkschutz wird in Abstimmung mit dem Umweltschutzbeauftragten (Immissionsschutzbeauftragter, Abfallbeauftragter, Wasserschutzbeauftragter) auf diese Gefährdungen hingewiesen und kann zur Durchsetzung bestimmter behördlicher Schutzaufgaben herangezogen werden.

9   Verkehrsdienst

Der Werkschutz ist für die Regelung des unternehmensinternen Verkehrs zuständig. Auf dem Werkgelände gelten die Regeln der StVO (vgl. VBG 125). Weiterführende Sonderregelungen sind getroffen und bekannt zu geben. Für das Gelände gelten unterschiedliche Höchstgeschwindigkeiten, auf die deutlich durch Verkehrszeichen hingewiesen wird.

Der Werkschutz leistet, wenn dies erforderlich ist, Hilfe bei zum Beispiel Schwertransporten. Die Verkehrsüberwachung auf dem Werkgelände betrifft den ruhenden und den fließenden Verkehr gleichermaßen. Hierzu gehört die Kontrolle auf die Einhaltung der vorgeschriebenen Geschwindigkeit. Ebenso die Einleitung witterungsbedingter Maßnahmen auf dem Werkgelände, zum Beispiel Aufstellen von Unwetterwarnmeldungen, Hinweis auf Glatteisbildung etc.

Die Verkehrsunfallaufnahme ist Aufgabe des Werkschutzes. Hierzu gehören die Sicherung der Unfallstelle, das Umleiten des übrigen Verkehrs, die Unfallaufnahme nach Vordruck und das Befragen von Zeugen.

Bei Unfällen mit Personenschäden ist die Einschaltung des internen medizinischen Notfallpersonals und der Werkfeuerwehr sowie der Polizei unerlässlich. Die Erstversorgung von Verletzten muss sichergestellt sein.

Flächen, die als unternehmenseigene Parkplätze ausgewiesen sind, müssen stichprobenartig auf die Einhaltung der Parkplatzordnung und die unbefugte Benutzung durch unternehmensfremde Fahrzeuge kontrolliert werden. Durch Vordrucke mit entsprechenden Hinweisen sind nichtberechtigte und Falschparker auf die Nichteinhaltung der Parkvorschriften und auf die Folgen von Verstößen aufmerksam zu machen.

10   Ermittlungsdienst

Grundsätzlich hat der Werkschutz die Aufgabe der Entgegennahme von Meldungen über Vorkommnisse, der Befragung von Zeugen und Auskunftspersonen, der Aufnahme von Tatbestandsmerkmalen und – wenn notwendig – der Einleitung von Sofortmaßnahmen einschließlich der Tatortsicherung.

Die Tatortaufnahme erfordert besondere Kenntnisse und Fähigkeiten, die nur durch entsprechend geschulte Werkschutz-Mitarbeiter (Ermittlungsdienst) erbracht werden können. Die Tatortaufnahme selbst erfolgt photographisch, protokollarisch oder auch zeichnerisch. Hinzu kommt die Spurensicherung im Zuge des Erstangriffes. Die Beweisführung in Form des Personen- und Sachbeweises, das Legen von Diebesfallen und die Durchführung von Observierungen sind Aufgabe des Ermittlungsdienstes (Abteilung Interne Ermittlungen). Hierzu ist eine besondere Ausbildung erforderlich. Das Melde- und Berichtswesen für Ermittlungsberichte sowie das Weiterleiten dieser Berichte an Vorgesetzte und Fachabteilungen erfolgt ebenfalls durch den Ermittlungsdienst.

11   Abschließender Hinweis für die Mitarbeiter des Werkschutzes

Ihr alltäglicher Dienst kann es mit sich bringen, dass Sie durch plötzlich eintretende Ereignisse in Situationen geraten, die es Ihnen erschweren, wenn nicht gar unmöglich machen, die richtige Entscheidung zu treffen. Dies umso mehr, als nicht jede Art von außergewöhnlichen Vorkommnissen vorher geprobt werden kann.

In einem solchen Falle ist es grundsätzlich richtig, sich zunächst an den direkten Vorgesetzten zu wenden. Sollte dieser nicht unmittelbar erreichbar sein, so ist der Werkschutzleiter Ihr nächster Ansprechpartner. Sollte auch dieser nicht erreichbar sein, so kommt letztlich auch das Anrufen eines Mitgliedes der Unternehmensleitung in Betracht.

Was auch immer geschehen mag, Sie sind nicht allein!

Mit freundlichen Grüßen

Ihr Reinhard Möller

Head of Corporate Security

- 97 -

Betriebsvereinbarung[10]

Torein- / Ausgangskontrolle

(Nachdruck – ohne Gewähr; Original beim Betriebsrat)

Gültig für: FSAB The Chemical Company

Gültig seit: 16.07.2007 (Neufassung)

Interne Nummer: 1001

Veröffentlichung: nur intern

---

[10] http://www.desy.de/betriebsrat/vereinbarungen/1001-tor.pdf/ Stand: 04.07.2007

Betriebsvereinbarung Toreingangs- / Ausgangskontrolle

Zwischen dem Vorstand der FSAB The Chemical Company und dem Betriebsrat der FSAB The Chemical Company wird folgende Betriebsvereinbarung getroffen:

1. Personen und Fahrzeuge, welche das FSAB-Gelände verlassen, können überprüft werden.
2. Die Kontrollen beschränken sich auf Stichproben. Sie erstrecken sich grundsätzlich auf alle Personen, die das FSAB-Gelände verlassen.
3. Die Kontrollen werden durch das am Tor / Pforte tätige Personal durchgeführt, welches entsprechend ausgewiesen ist.
4. Um jedwede Willkür bei der Kontrolle auszuschließen, wird die Auswahl der zu Kontrollierenden Personen und Fahrzeuge durch ein elektronisches Auswahlgerät durchgeführt. Bei ausgewählten Kraftfahrzeugen unterliegen sämtliche Insassen der Kontrolle.
5. Durch das Auswahlgerät bestimmte Personen müssen ihre Behältnisse (Aktentaschen und dergl.) dem Kontrollpersonal geöffnet vorzeigen. Leibesvisitationen sind unzulässig.
6. Durch das Auswahlgerät bestimmte Kraftfahrer/innen müssen dem Kontrollpersonal Einblick in das Wageninnere und den Kofferraum gestatten.
7. Beschwerden über die Durchführung der Kontrollen werden durch einen dreiköpfigen Ausschuss untersucht, der aus einem vom Vorstand zu Benennenden und einem Mitglied des Betriebsrates besteht, die gemeinsam ein drittes Mitglied hinzu wählen.

Ludwigshafen, den 16.07.2007 (Neufassung)

Für den Vorstand:

Für den Betriebsrat:

Kapitel IV   Planübung „Presseball"

von Edward Kanitz, Sebastian Lehmann, Sebastian Noetzel, Jens Piest, Tomke Rödenbeck, Martin Tabor und Anne-Kathrin Zehmke

1   Allgemeines

1.1   Thema
Planübung zum Europäischen Presseball in Berlin

1.2   Ort und Zeit
FHVR-Berlin / Fachbereich 3
Alt-Friedrichsfelde 60
10315 Berlin
Haus 6 B, Raum 063
28.06.2007, in der Zeit von 10.00 Uhr bis 14.00 Uhr

1.3   Teilnehmer
Studiengruppe Sicherheitsmanagement (4.Semester / 2005)

1.4   Ausbildungsleiter der Planübung
Marcel Kuhlmey

1.5   Übungsleitung
Anne-Kathrin Zehmke, Tomke Rödenbeck, Sebastian Lehmann, Jens Piest, Edward Kanitz, Sebastian Noetzel, Martin Tabor

1.6   Übungsleiter
Edward Kanitz

1.7   Ziele der Planübung
Schulung der allgemeinen und besonderen Einsatzgrundsätze für Veranstaltungen

2   Allgemeine Lagebeurteilung
Der Presseball ist mit seiner 130 jährigen Tradition eines der wichtigsten Ballereignisse des Jahres von Berlin. Neben seiner gesellschaftlichen Bedeutung bietet der Ball auch Unternehmen gute Möglichkeiten sich zu präsentieren.

Der Presseball des Deutschen Verbandes der Medienvertreter, der dieses Jahr Griechenland als Gastland empfängt, findet im Grand Pallace Hotel Berlin statt.

2.1   Das Grand Pallace Hotel Berlin

Im Beisheim Center eröffnete im Januar 2004 das Grand Pallace Hotel ein klassisches, traditionelles und luxuriöses Grand Hotel. Das Hotel der Kategorie 5-Sterne-Plus verfügt über 300 Zimmer und Suiten.

Das Beisheim Center in Berlin ist neben dem Sony Center, Deutsche Bahn Tower und dem Daimler-Chrysler-Areal das prägende städtebauliche Ensemble am Potsdamer Platz.

Das nach 1990 größtenteils neu bebaute Terrain zählt mittlerweile zu den markantesten Orten der Stadt und wird von zahlreichen Touristen besucht. Der Potsdamer Platz ist mit seinem umfangreichen Angebot an Einkaufsmöglichkeiten sowie Büro- und Geschäftsräumen ein modernes Stadtzentrum.

Ein störungsfreier Ablauf der Veranstaltung liegt nicht nur im Interesse der Veranstalter und Teilnehmer, sondern auch im Interesse der politischen Verantwortungsträger des Bundes und der Länder. Aufgrund einiger Teilnehmer und dem großen öffentlichen Interesse an der Veranstaltung müssen Gefährdungen durch Anschläge, Entführungen und Störmöglichkeiten (Bombendrohung, Sabotageakte) mit berücksichtigt werden.

Das Einrichten von Auskunftsstellen und sonstigen Stellen für Fundsachen, Erste-Hilfe- Stationen und ggf. Bereitstellungsräume für Einsatzkräfte (Meldezentrale, Aufenthaltsräume) ist geplant.

2.2   Problemfelder

Bei ähnlich durchgeführten Veranstaltungen in der Vergangenheit waren folgende Problemfelder festzustellen:

- Anwohnerbeschwerden wegen Lärms, Parksuchverkehr, Versperrungen von Zufahrtsmöglichkeiten und Feuerwehrzufahrten, Verschmutzung von Fahrbahn und Gehwegen
- Kurzfristiges Aufkommen der Verkehrsstufe 4-5 in der Umgebung des Hotels
- Personen, die trotz ausverkaufter Veranstaltung versuchen Eintrittskarten zu erhalten
- Personen, die mit gefälschten Eintrittskarten und gefälschten Presseausweisen Eintritt in das Hotel erlangen wollen
- Vereinzelt ist Schwarzhandel mit Eintrittskarten festgestellt worden

2.3   Objektive Sicherheitslage/politische Lage

Aufgrund der angespannten Weltlage ist eine erhöhte Aufmerksamkeit und Sensibilisierung in der ganzen Bundesrepublik notwendig. Deswegen sollte auch bei dieser Veranstaltung eine eventuelle Gefährdung durch beispielsweise terroristische Angriffe in die Sicherheitsanalyse mit einbezogen werden.

3 Besondere Lagebeurteilung

3.1 Veranstaltungslage

Am Donnerstag, den 28.06.2007, findet der europäische Presseball, am Potsdamer Platz im Grand Pallace Hotel in 10785 Berlin- Mitte statt.
Der europäische Presseball ist seit mehreren Monaten ausverkauft.
Reservierungen werden ausschließlich schriftlich (per Brief, Telefax oder e-Mail) entgegengenommen.

Kategorien:

- Tischkarte - Saal I   350,- € (inkl. Mwst.)
- Tischkarte - Saal II   250,- € (inkl. Mwst.)
- Flanierkarte   130,- € (inkl. Mwst.)
  (mit nicht festgelegtem Sitzplatz)

Der Ballbeginn ist für 18.30 Uhr vorgesehen. Der Einlass erfolgt ab 18.00 Uhr über die Zelteingänge. Ende der Veranstaltung wird ca. 03.00 Uhr sein.
Der Veranstalter setzt Ordner ein. Zusätzlich werden Sicherheitsordner der Haussicherheit tätig sein. Der Malteser Hilfsdienst wird mit 2 Sanitätern vor Ort sein.

3.1.1 Lage Raum

Als Veranstaltungsort dient das Grand Pallas Hotel. Es werden 2 Etagen des Hotels für die Veranstaltung in Anspruch genommen. Das Hotel befindet sich in Stadtmitte mit Straßenanbindung zum Potsdamer Platz. Die Veranstaltung wird in geschlossenen Räumen durchgeführt, eine detaillierte Raumaufteilung liegt in Form eines Gebäudegrundrisses vor. Zum Zeitpunkt des Presseballs findet keine andere Veranstaltung im Objekt statt.

3.1.2 Stellplätze am Beisheim Center

Im Nahbereich des Veranstaltungsortes sind keine größeren Parkflächen vorhanden. Das im Innenstadtraum bestehende Parkproblem wird durch drei Tiefgaragen mit insgesamt circa 400 Stellplätzen gelöst. Die Zufahrten sind kameraüberwacht und durch Drehtore mit dahinter liegender Schranke gesichert. Über weitere Schranken gelangt man in die für die verschiedenen Gebäude reservierten Bereiche der Garagen. Die Zufahrten zu den Tiefgaragen befinden sich in der Auguste-Hauschner-Straße und in der Ebertstraße. Die Parkgaragen haben unterirdische Zugänge zu allen vertikalen Erschließungskernen. Die Straßen »Berliner Freiheit«

und »Am Park« sind Privatstraßen und lassen keinen öffentlichen Durchgangsverkehr zu (kostenpflichtigen Parkhäuser). Es gibt Vorort mehrere Behindertenparkplätze. Für die Anfahrt und Abfahrtmöglichkeiten der Veranstaltungsteilnehmer wird ein spezieller Shuttleservice angeboten.

3.1.3 Infrastruktur

Es gibt eine gute Anbindung an den öffentlichen Personennahverkehr durch S- und U-Bahnen sowie Buslinien. Das Beisheim Center ist mit der U-Bahnlinie U2 und den S-Bahnlinien S1, S2 und S25 (Bahnhof Potsdamer Platz) zu erreichen.
Die U2 fährt unter anderem zum DB-Fernbahnhof Zoologischer Garten. Der Flughafenzubringer SXF fährt direkt zum Flughafen Schönefeld. Die Flughäfen Tegel und Tempelhof sind problemlos mit der Linie TXL von Unter den Linden respektive der U6 ab U-Bahnhof Stadtmitte erreichbar. Mit der Eröffnung des Bahnhofes Potsdamer Platz im Mai 2006 besteht eine direkte Anbindung zum neuen Hauptbahnhof.
Am Marlene Dietrich Platz befindet sich ein Taxistand.
Die Lage des Objekts stellt keine Besonderheiten oder sensible Bezüge dar. Durch vorhandenen Schautourismus kann es zu Verzögerungen und Stau kommen.

3.1.4 Besucherlage

Zu der Veranstaltung werden ca. 1500 geladene Gäste aus den Bereichen der Politik, Diplomatie, Medien, Wirtschaft und Kunst erwartet, die alle namentlich bekannt sind. Unter ihnen befinden sich eventuell Teilnehmer der Gefährdungsstufe 1, für diese Gäste wird ein unmittelbarer Personenschutz polizeilich gewährleistet. Die Besucherlage lässt kein Konfliktpotenzial innerhalb der Veranstaltung erwarten, Gefährdungen drohen eher von außen. Unter den Teilnehmern befinden sich potentielle Anschlagsopfer mit großer politischer und öffentlicher Wirkung.

3.1.5 Rechtslage

Die Rechtslage der Veranstaltung ist unproblematisch, es gilt das Hausrecht. Zur Durchsetzung des Auftrages innerhalb / außerhalb des Hausrechtsbereiches finden die Jedermannsrechte und die Selbsthilfe ihre Anwendung.

3.1.6 Eigene Kräftelage

Alle Sicherheitsmitarbeiter gehören zum eigenen Personal.

3.1.7 Kommunikationslage

Alle Sicherheitsmitarbeiter sind mit Funk ausgestattet und kommunizieren auf einer eigenen Funkfrequenz. Externe Personen können über die Koordinierungsstelle bzw. über das Handy erreicht werden.

3.1.8 Nahtstellenlage

Es sind Nahtstellen zur Polizei, zum Rettungsdienst, zu der Managerebene, zum Veranstalter und zur Haussicherheit vorhanden. Um eine größtmögliche und effektive Absicherung der Veranstaltung zu gewährleisten, ist ein genaues Abstimmen zwischen den Beteiligten über Aufgaben, Zuständigkeiten (Rechtslage) und eventuelles Einschreiten nötig. Während des Einsatzes muss eine ständige Erreichbarkeit untereinander bestehen.

3.1.9 Medienlage

Der Presseball liegt im Interesse der örtlichen Medien sowie der überregionalen Presse, die während der Veranstaltung anwesend sein wird. Bei Problemen verschiedenster Art wird dieses Interesse automatisch weiter gesteigert. Erfahrungsgemäß verhalten sich die Medienvertreter gegenüber dem Sicherheitspersonal manchmal unkooperativ, wenn es nicht ihrem eigenen Nutzen dient. Da der Veranstalter sehr interessiert an einer positiven Berichtserstattung ist, muss der Bereich bei dieser Veranstaltung als sehr sensibel behandelt werden.

3.2 Veranstaltungsablauf

Es handelt sich um eine hoch angesehene Veranstaltung. Ziel der Veranstaltung ist es, möglichst viele traditionelle als auch zeitgenössische Aspekte Griechenlands (Geschichte, Wirtschaft, Politik, Fremdenverkehr, Gastronomie u.a.) vorzustellen.

Die Einnahmen werden für die Unterstützung der Journalistenschule bestimmt.

18.30 Uhr	Einlass an den Zelten
19.30 Uhr	Begrüßungsrede vom griechischen Stellvertretenden Regierungssprecher in der er auf Entwicklungen, die das Bild Griechenlands sowie dessen Rolle in der Region Südosteuropas gestärkt haben, hinweisen wird, Saal 1
20.00 Uhr	Buffeteröffnung vom Bundespräsidenten für Saal 1
21.30 Uhr	Tombola (Im Rahmen der Veranstaltung findet ein Losverkauf statt). Unter anderem werden von der Griechischen Fremdenverkehrzentrale (EOT) in Frankfurt zwei einwöchige Reisen - für je zwei Personen - nach Athen bzw. Thessaloniki gesponsert. Reisegutscheine nach Griechenland werden auch von anderen deutschen Unternehmen (Studiosus, Lufthansa, Bucherreisen) angeboten.
22.00 Uhr	Auftritt der Bands u. a. Costa de Trio

22.30 Uhr	es werden an die Gäste speziell zusammengestellte Mappen mit Infomaterial zum Gastland Griechenland überreicht
03.00 Uhr	Veranstaltungsende

4 Folgerungen aus der Lagebeurteilung

4.1 Entwicklung von Schutzzielen und Maßnahmen

- Schutz der Veranstaltung und Gewährung eines störungsfreien Ablaufs
- Abwehr von Gefahren für die Veranstaltungsteilnehmer

4.2 Koordination der Maßnahmen

Koordination der Maßnahmen sicherstellen   EL 1 SMA

- Führungsebene bestimmen
- Koordinierungsstelle gemeinsam mit Polizei und Haussicherheit einrichten (Einsatzzentrale)
- Platz / Raum der Koordinierungsstelle mit geeigneten Kommunikationsmöglichkeiten ausstatten (Funk, Telefon, Fax, Handyerreichbarkeit)

4.3 Medienstrategien

- Offensive Medienstrategie
- Verhaltensmaßregeln mit VA und Hotel abstimmen, Personal sensibilisieren
- Presse- und Öffentlichkeitsarbeit spielt insbesondere bei medienwirksamen Veranstaltungen eine wichtige Rolle

4.4 Außen-/ Objektschutz durch Postendienst

- Nachtwache   2 SMA
- Parkplatzeinweisung   2 SMA
- Straßenzufahrt   2 SMA
- EG (außen)   1 SMA

4.4.1 Nachtwache

- Bewachung des Inventars, vom 26.06.- 27.06.07. Aufbauphase der Bühne usw.
- Sichere Vor- / Abfahrt für die Gäste, sicheres Abstellen der Fahrzeuge

4.4.2 Parkplatzeinweisung

- Straßenzufahrt   2 SMA
- Kontrolle der Legitimation durch Vorfahrtberechtigung
- Zuweisung nach Gefährdungsstufe
- Erfassung, Meldung, Beseitigung sicherheitsgefährdender Zustände
- Aufstellung von Parkverbotsschildern
- Hinweis auf Parkplätze in der näheren Umgebung
- Besitzer / Eigentümer ermitteln, Kennzeichen / Fahrzeuge feststellen

4.4.3 Voraufsicht

Die Voraufsicht besteht aus einem Streifendienst mit 4 SMA.

Damit der Veranstaltungsraum (Umfeld) „störungsfrei" ist und mit den anderen notwendigen taktischen Maßnahmen begonnen werden kann, beginnt eine Streife mit der nötigen Voraufsicht. Dazu ist es wichtig, dass die Veranstaltungsräume bzw. deren Vorfelder frei geräumt oder freigemacht werden.

Entscheidende Maßnahmen sind das Errichten notwendiger Absperrungen sowie das Freimachen von Parkflächen und Zufahrtsstraßen (Umsetzen von Fahrzeugen).

4.4.4 Aufklärung durch Streifen

Kurz vor dem Einlass wird eine Aufklärung durch eine Streife durchgeführt. In Abstimmung / Anlehnung an die Polizei sollen Erkenntnisse über Zuschauerandrang, Anzahl und Zusammensetzung der Veranstaltungsteilnehmer, mögliche Störabsichten und Veranstaltungsverlauf gewonnen werden.

4.4.5 Innenschutz durch Postendienst

- Sicherer Aufenthalt im Hotel
- Hoteleingang   4 SMA
- Eventfläche   4 SMA
- Bewachung Tombola   1 SMA
- 1.OG Treppenhaus   3 SMA
- 1.OG Fahrstuhl   2 SMA
- EG Eingang   2 SMA
- EG Fahrstuhl   1 SMA
- EG Treppenhaus   1 SMA
- Bewachung Abrechnungsraum   1 SMA
- Erfassung, Meldung, Beseitigung sicherheitsgefährdender Zustände
- Briefing und Organisation durch Martin Tabor
- Identifizierung der Teilnehmer sicherstellen

- eventuell Nachschau mit Sprengstoffhunden durch Polizei
- Absperrungen des Bühnenbereichs zum Schutz von Prominenz
- Brandwache   2 SMA
- Erfassung, Meldung, Beseitigung und / oder Evakuierung

4.5   Diskrete Einlasskontrollen

- Einlasskontrollen   4 SMA
- Gewährleistung eines kontrollierten Zugangs
- Kanalisierung der Besucher
- Platzkarten für die Gäste; Badges für Personal
- Kontrolle der Eintrittskarten u. Badges

4.6   Besucherlage

Intervention bei Bedarf, da das Publikum Verständnis für Sicherheitsbelange haben wird (wahrscheinlich Routine) und im eigenen Interesse anstrebt, ist das Personal für eine sichtbare Präsenz zu sensibilisieren. Das bedeutet ein offensives Raumschutzkonzept mit starken Kräften, die sichtbar agieren, um potentieller Störer/ Straftäter zu verunsichern.

4.7   Zugriffskräfte (Reserven)

- Reserve   4 SMA
- Pausenablösung
- Parkplatzeinweisung, -zuweisung
- Zuweisung nach Gefährdungspriorität
- Legitimation mit Vorfahrtberechtigung

Die Reserve sollte so bereitgehalten werden, dass sie schnellstmöglich zum Einsatz kommen kann.

4.8   Außen- und Objektschutz durch Postendienst ZBV 2 SMA

Absperrung / Gründe:
Das Eindringen „Unberechtigter" in den Veranstaltungsraum
Kapazitätsgründe, Gefahr der „Überfüllung",
Veranstaltungsgegner für Einlasskontrollen hinderlich

Durchlassstellen einrichten und Zugangsregelungen treffen (am Einlass):

Die Gewährleistung für die Zuverlässigkeit der SMA erfolgt über die Sicherheits-überprüfung sowie durch das Anerkennen der speziellen Dienstanweisung.

5   Objektive Sicherheitslage/ politische Lage

Obwohl Störungen von Außen Aufgabe der Polizei sind, entfalten sie Wirkung auf die Aufgaben des Sicherheitspersonals. Die Kommunikation mit den Behörden und Organisationen mit Sicherheitsaufgaben ist deswegen sicherzustellen.

6   Nahtstellenlage

Im Vorfeld werden in enger Zusammenarbeit mit allen beteiligten Behörden, der Polizei und der Haussicherheit Entscheidungen getroffen, um im Störfall zielge-richtete und sachgerechte Maßnahmen einleiten zu können. Dazu werden frühzeitig Vorbesprechungen durchgeführt und während der Veranstaltung ständiger Kontakt gehalten. Die Auswertung des Einsatzes erfolgt in der Nachbesprechung.

7   Rolle der Polizei

Die Polizei nimmt nur den gesetzlichen Auftrag zur Abwehr von Gefahren für die öffentliche Sicherheit und Ordnung bzw. zur Strafverfolgung / Ordnungswidrigkei-tenverfolgung wahr.
Sie kooperiert grundsätzlich mit Veranstaltern und übernimmt hinsichtlich der erforderlichen Sicherheitsaspekte eine beratende Funktion ein.

8   Rechtslage

Die Rechtslage ist im Voraus genau zu prüfen und Verträge mit den zuständigen Personen entsprechend abzuschließen.

9   Nachaufsicht

Überwachen des Bühnenabbaus, Aufhebung von Absperrungen, die erst nach Rei-nigung des Veranstaltungsraumes möglich sind. Kommunikative Beeinflussung gruppendynamischer Vorgänge (Einsatzkräfte sollten immer bemüht sein, die Sprache als Einsatzmittel anzuwenden, häufig lässt sich dadurch eine Situation entscheidend deeskalieren und eine Gewaltspirale verhindern).

10   Personaleinsatzplan

Einsatzplanung		Presseball		Grand Pallas Hotel	
Datum	Uhrzeit	Funktion	Position	Aufgabe	Std.
26	23.00-09.00	Nacht-wache	Zelt	Absicherung Inventar	10
27	23.00-09.00	Nacht-wache	Zelt	Absicherung Inventar	10
28.	10.00-05.00	Einsatz-leiter			19
28.	15.00-05.00	Streifen-dienst		Voraufsicht, Aufklärung	12
28.	15.00-05.00	Streifen-dienst		Voraufsicht, Aufklärung	12
28	15.00-05.00	Streifen-dienst		Voraufsicht, Aufklärung	12
28.	15.00-05.00	Streifen-dienst		Voraufsicht, Aufklärung	12
28.	16.30-05.00		Straßen-zufahrt II	Kontrolle der Zufahrtbe-rechtigung	12,5
28.	16.30-05.00		Straßen-zufahrt I	Kontrolle der Zufahrtbe-rechtigung	12,5
28.	16.30-05.00		Vorfahrt	Parkplatzeinweisung	12,5
28.	16.30-03.00		Vorfahrt	Parkplatzeinweisung	10,5
28.	17.30-03.00		EG (außen)	Notausgang	9,5
28.	17.30-04.00		Einlass Zelt (außen)	Einlasskontrolle	10,5
28.	17.30-04.00		Einlass Zelt (außen)	Einlasskontrolle	10,5
28.	17.30-04.00		Zelt (innen)	Absicherung Zelt	10,5
28.	17.30-04.00		Zelt (innen)	Absicherung Zelt	10,5
28.	17.30-22.00		Hotel-eingang	Absicherung Zelt-Hotel	4,5

Einsatzplanung		Presseball		Grand Pallas Hotel	
Datum	Uhrzeit	Funktion	Position	Aufgabe	Std.
28.	17.30-22.00		Hotel-eingang	Absicherung Zelt-Hotel	4,5
28.	16.30-03.00		Hotel-eingang	Absicherung Zelt-Hotel	9,5
28.	17.30-03.00		Hotel-eingang	Absicherung Zelt-Hotel	9,5
28.	16.30-03.00		Event-fläche	Bewachung der Gäste und des Inventars	10,5
28.	16.30-03.00		Event-fläche	Bewachung der Gäste und des Inventars	10,5
28.	16.30-03.00		Event-fläche	Bewachung der Gäste und des Inventars	10,5
28.	16.30-03.00		Event-fläche	Bewachung der Gäste und des Inventars	10,5
28.	10.00-03.00		1. OG	Bewachung Tombola	17
28.	17.30-03.00		1. OG	Treppenhaus 5	9,5
28.	17.30-03.00		1. OG	Treppenhaus 5	9,5
28.	17.30-03.00		1. OG	Treppenhaus 1	9,5
28.	17.30-03.00		OG Fahr-stühle	Absicherung Zugänge Zimmer	9,5
28.	17.30-03.00		Fahrstühle 1. OG	Zutrittskontrolle	9,5
28.	17.30-03.00		EG Eingang	Absicherung Abkorde-lung EG	9,5
28.	17.30-03.00		EG Eingang	Absicherung Abkorde-lung EG	9,5
28.	17.30-03.00		Fahrstühle EG	Kanalisierung Gäste	9,5

Einsatzplanung		Presseball		Grand Pallas Hotel	
Datum	Uhrzeit	Funktion	Position	Aufgabe	Std.
28.	22.00-02.00			Bewachung Abrechnungsraum	4
28.	17.30-03.00	Brandwache	Zelt		9,5
28.	17.30-03.00	Brandwache	Zelt		9,5
28.	17.30-03.00	Reserve			9,5
28.	17.30-03.00	Reserve			9,5
28.	17.30-03.00	Reserve			9,5
28.	17.30-03.00	Reserve			9,5
28.	17.30-03.00	ZBV		Intervention, Pausenablösungen	9,5
28.	17.30-03.00	ZBV		Intervention, Pausenablösungen	9,5

11 Einsatz- und Führungsmittel

11.1 Funkgeräte und Kommunikation
- Frequenz 2
- Einsatzzentrale 030 / 7 65 43 22
- EL 100
- GL Innen 100
- GL Außen 200
- GL Reserve 300
- SMA Positionsangabe

11.2 Taschenlampen
Für Streife/ Außen, Nachtwache

11.3 Absperrband und Megaphone
Einsatzzentrale

11.4 Handys
Für Einsatzzentrale, Einsatzleiter, Gruppenleiter

11.5 Dienstausweis und Akkreditierungsbadges
Für jeden SMA. Diese sind während der Veranstaltung gut sichtbar zu tragen.

12   Szenarien

12.1   Szenario 1:   Alkoholisierter Veranstaltungsgast

12.1.1   Ereignis
Ort: Innenbereich
Position: Bar (Eventfläche)
Ereignis: Ein männlicher Besucher des Presseballs, der seine Karte an der Theaterkasse erworben hat, beginnt nach übermäßigem Alkoholgenuss eine Auseinandersetzung an einer der Bars der Veranstaltung.
Das Bar-Personal hat den offensichtlich stark alkoholisierten Gast freundlich darauf hingewiesen, weiteren Alkoholgenuss während des Balls zu unterlassen und verweigert ihm den Ausschank. Daraufhin sichtlich empört, beginnt der Mann das Bar-Personal zu beschimpfen und schlägt dem Barkeeper mit der flachen Hand ins Gesicht. Die Auseinandersetzung erreicht, durch den Mann verursacht eine Dimension, die die umstehenden Gäste deutlich am friedlichen weiterfeiern hindert.

12.1.2   Vorgehen
- Ein Mitarbeiter (SM1), der Innenbereich-Sicherheit registriert die eskalierte Situation und meldet die Lage kurz über Funk seinem Gruppenleiter.
- Umgehend ruft sich der SM1 einen weiteren Mitarbeiter (SM2) zur Unterstützung (Absicherung) und geht beherzt aber mit der nötigen Diskretion in die Situation (oberste Priorität: so schnell und ruhig wie möglich Situation bereinigen).
- Der betrunkene Gast wird während sich der absichernde SM2 im Hintergrund hält, von SM1 freundlich darauf hingewiesen den Barbereich umgehend zu verlassen.
- Bei einer aggressiven Reaktion oder eventuellem Übergriff des Gastes untermauert der Sicherheitsmitarbeiter noch einmal verbal seine Forderung.
- Entspannt sich die Situation nicht, ergreift der SM1 den Gast, SM2 gibt ebenfalls seine passive Haltung auf und unterstützt den SM1.
- Hier wird dem Gast ein Hausverbot ausgesprochen.
- Aufgrund des Zustandes und seines gezeigten Verhaltens sehen sie nach Rücksprache mit der Einsatzzentrale davon ab den Gast wieder hinein zulassen.

- Die SM besorgen seine Garderobe und der Gast entfernt sich von der Veranstaltung.

12.1.3 Rechtlicher Rahmen

Vorläufige Festnahme durch Jedermann (auch ohne richterliche Anordnung)

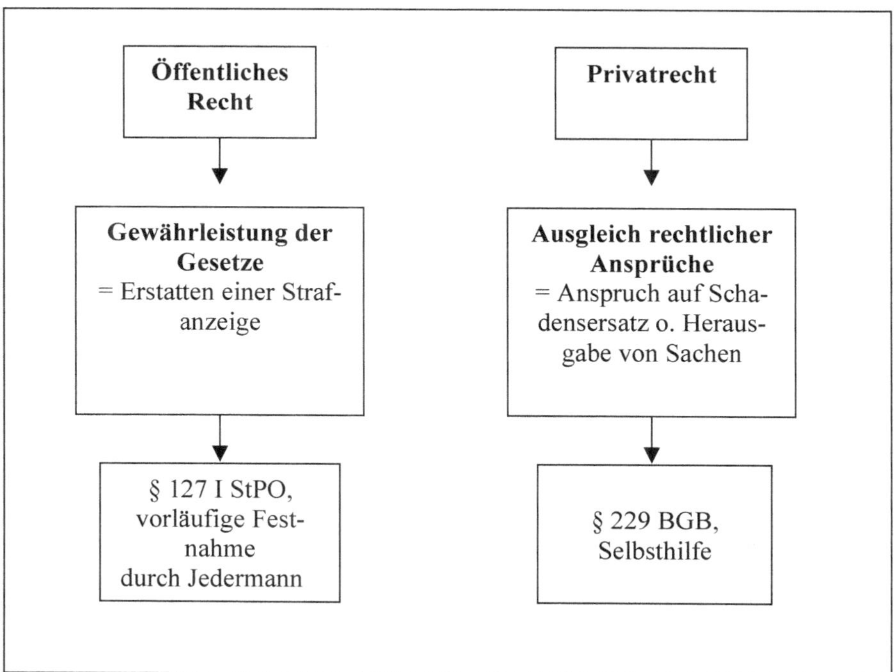

Abbildung 5 Eingriffsbefugnisse

§ 127 Vorläufige Festnahme

(1) Wird jemand auf frischer Tat betroffen oder verfolgt, so ist, wenn er der Flucht verdächtig ist oder seine Identität nicht sofort festgestellt werden kann, jedermann befugt, ihn auch ohne richterliche Anordnung vorläufig festzunehmen. Die Fest-stellung der Identität einer Person durch die Staatsanwaltschaft oder die Beamten des Polizeidienstes bestimmt sich nach § 163 b Abs. 1 StPO.

(2) Die Staatsanwaltschaft und die Beamten des Polizeidienstes sind bei Gefahr im Verzug auch dann zur vorläufigen Festnahme befugt, wenn die Voraussetzungen eines Haftbefehls oder eines Unterbringungsbefehls vorliegen.

(3) Ist eine Straftat nur auf Antrag verfolgbar, so ist die vorläufige Festnahme auch dann zulässig, wenn ein Antrag noch nicht gestellt ist.
Abs. 2 Dies gilt entsprechend, wenn eine Straftat nur mit Ermächtigung oder auf Strafverlangen verfolgbar ist.

Durchsetzung des Hausrechts

- Gast wird aufgefordert den Hausrechtsbereich zu verlassen
- er leistet dem nicht Folge = Hausverbot wird ausgesprochen
- bricht er Platzverweis und begibt sich wieder auf den Ball, so könnte ein Hausfriedensbruch gem. § 123 StGB vorliegen. Dieser kann von der Polizei strafrechtlich verfolgt werden. Die Bestimmungen des BGB sind zu beachten.

12.2   Szenario 2:   Unberechtigter Zutritt

12.2.1   Ereignis
Ort: Außenbereich
Position: Einlasskontrolle Zelt
Ereignis: Aufgrund der zahlreich anwesenden Prominenz, gibt es ein großes Interesse von Zuschauern bzw. Fans auch an der Veranstaltung teilzunehmen und sich unberechtigt Zutritt zu verschaffen. Der Zuschauerandrang wird immer dichter. Ab einem gewissen Moment überqueren aufgeregte „Groupies" die Absperrung und bewegen sich auf den Eingang zu.

12.2.2   Maßnahmen
- Die Sicherheitsmitarbeiter am Einlass leiten die geladenen Gäste weiter in den Eingang.
- An den Absperrungen treten die SMA den Zuschauern freundlich aber bestimmt entgegen.
- Die Gruppe ist Dynamisierungsprozessen unterworfen, d.h. das Verhalten muss dem angepasst sein.
- Es wird in ruhiger Stimme gesprochen. Die Mitglieder der Gruppe müssen aus der Anonymität heraus und persönlich angesprochen werden.
- Die Außenstreife wird angewiesen sich als Unterstützung bereit zu halten und den Bereich dahinter zu sichern.

- Falls es zu mehrmaligen Verstößen kommt, wird die Polizei hinzugezogen.

12.2.3 Rechtlicher Rahmen

Durchsetzung des Hausrechts. Es wird daraufhin gewiesen, sich hinter die Absperrung zu begeben. Wenn dem nicht Folge geleistet wird, kann ein Platzverweis ausgesprochen werden. Das führt bei Verstößen zu dem Straftatbestand Hausfriedensbruch § 123 StGB und wird von der Polizei strafrechtlich verfolgt.

Tatbestandsprüfung:

Vorläufige Festnahme § 127 Abs. 1 StGB

Voraussetzungen:

1. Tat (= Straftat)
2.a Betreffen auf frischer Tat
ODER
2.b Verfolgen auf frischer Tat
UND
3.a Fluchtverdacht
ODER
3.b Identität steht nicht fest

In diesem Zusammenhang ist auf die verbotene Eigenmacht und die damit einhergehende Besitzstörung nach dem BGB hinzuweisen.

Maßnahmen:

Öffentliches Recht
Privatrecht
Gewährleistung der Gesetze
= Erstatten einer Strafanzeige
Ausgleich rechtlicher Ansprüche
= Anspruch auf Schadensersatz o. Herausgabe von Sachen
§ 127 I StPO, vorläufige Festnahme durch Jedermann
§ 229 BGB, Selbsthilfe

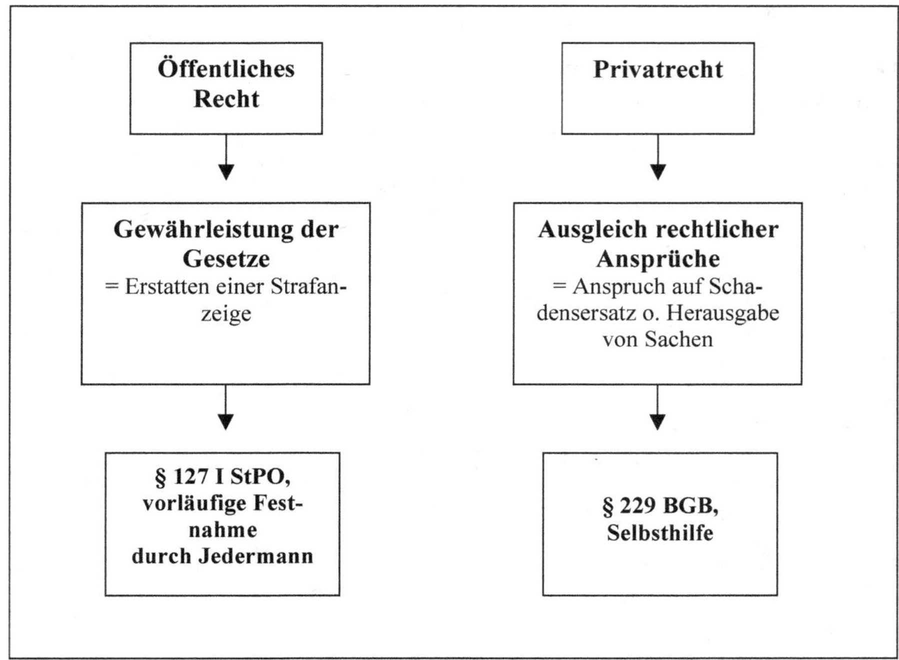

12.3   Szenario 3:   Stromausfall

12.3.1   Ereignis

Ort: Innenbereich
Position: Eventfläche
Ereignis: Die meisten Gäste befinden sich inzwischen auf der Eventfläche der Location und verfolgen den Auftritt der Band, die Stimmung ist ausgelassen und einige Gäste sind leicht alkoholisiert.
Um 22.30 Uhr kommt es zu einem Störfall in der Stromversorgung, der dazu führt, dass auf der gesamten Eventfläche (Bühne, Tanzfläche, Saal) Licht und Musik ausfallen. Vorhandene Notlampen gewährleisten nur eine schwache Beleuchtung des Raumes. Die anwesenden Gäste wirken beunruhigt, die Stimmung ist angespannt.

12.3.2   Maßnahmen

- Sicherheitsmitarbeiter im Innenbereich (Eventfläche) meldet den Störfall an seinen Gruppenleiter
- Gruppenleiter Innenbereich gibt die Meldung an die Einsatzzentrale weiter
- Einsatzzentrale schaltet eine Durchsage an die Gäste im betroffenen Bereich :
- „Aufgrund eines Defekts bitten wir Sie Ruhe zu bewahren und den Saal nicht zu verlassen .Wir bemühen uns um eine schnelle Beseitigung der Störung. Bei Problemen wenden Sie sich an unsere Sicherheitsmitarbeiter vor Ort...“
- Gleichzeitige Absprache der Einsatzzentrale mit dem Gruppenleiter
- Gruppenleiter gibt Anweisungen an die Mitarbeiter im betroffenen Bereich
- Sicherheitsmitarbeiter im Innenbereich positionieren sich verstärkt an den Ausgängen, um ein eventuelles panisches Verlassen der Gäste aus dem Saal zu verhindern
- Einzelne Mitarbeiter verteilen sich im Raum, um die Gäste aufzuklären und zu beruhigen
- Einsatzzentrale gibt der Reserve die Anweisung sich ebenfalls in den Eventbereich zu begeben, um die Mitarbeiter vor Ort zu unterstützen und ein möglichst hohes Sicherheitsempfinden der Gäste zu gewährleisten (Reserve eventuell ausgestattet mit Taschenlampen, um Gästen den Weg zu weisen)
- Einsatzzentrale führt Absprache mit dem Veranstalter und den zuständigen Technikern bzw. des technischen Notdienst

- Gruppenleiter bereiten mit Sicherheitsmitarbeitern des Innen- und Außenbereichs eine eventuelle Räumung vor, falls der Störfall nicht behoben werden kann

12.3.3 Evakuierungsplan

Unsicherheitsfaktor Mensch:
- Menschen weisen unterschiedliche Verhaltensmuster auf.

Physische Merkmale:
- ältere Menschen sind bedeutsam langsamer als jüngere Menschen
- hohe Schuhe und verschiedene Kleidungen können hinderlich werden

Psychologische Merkmale:
- Angst, Panik können sich ausbreiten
- sog. „Helden" können hindern oder helfen
- Schock kann Regungslosigkeit herbeiführen

Erforderliche Maßnahmen:
- Mit Hilfe der Feuerwehr sowie Polizei muss im Vorhinein ein Flucht- und Evakuierungsplan festgelegt werden
- verschiedene Sammelplätze festlegen
- Errichten von Absperrungen (Innenbereich sowie Straßenabsperrungen)
- Fluchtwege trichterförmig anlegen
- Fluchtwege räumen (Hindernisse)
- Positionieren von Einsatzkräften an den Notausgängen (Fluchtrichtung angeben, deeskalieren und helfen)
- Aufforderung für Gäste zum Verlassen des Bereiches (Wer?, Richtung?, Grund?)
- Fahrstühle abschalten
- Sicherungstechnik überwachen
- Kommunikationswege festlegen (wer meldet an wen?) sowie Kommunikationstechnik schützen
- geräumte Bereiche überwachen
- Nach Absprache mit den angeforderten Kräften (110/112) inwieweit die Sicherheitskräfte beim Räumen hilfreich sein können

12.4   Szenario 4:   Verkauf von gefälschten Eintrittskarten

12.4.1   Ereignis

Ort: Außenbereich
Position: Streife/ Aufklärung
Ereignis: Bei einem Streifengang u./o. einer verdeckten Aufklärung, fällt den Sicherheitsmitarbeitern ein junger Mann auf, der herumlaufende Passanten anspricht und Eintrittskarten zum Kauf anbietet. Da aber der Verkauf von Eintrittskarten nur an der dafür vorgesehenen Kasse angeboten werden darf und es sich hierbei um einen Straftatbestand handelt und obrigkeitliche Hilfe nicht rechtzeitig zu erlangen ist, wäre ein Einschreiten der Sicherheitsmitarbeiter unumgänglich.

12.4.2   Vorgehen

Wichtig ist das Überprüfen der Eintrittskarten auf ihre Gültigkeit.
Es gibt bei gefälschten Karten Sofortmaßnahmen, werden Fälschungen erkannt, müssen die Karten sofort eingezogen werden. Zum anderen muss kriminalpolizeilich ermittelt werden, woher die Karten kommen.

12.4.3   Rechtlicher Rahmen

Vorläufige Festnahme § 127 Abs. 1 StGB

Voraussetzungen:

1.   Tat (= Straftat)
2.a   Betreffen auf frischer Tat
      ODER
2.b   Verfolgen auf frischer Tat
      UND
3.a   Fluchtverdacht
      ODER
3.b   Identität steht nicht fest

Maßnahmen:

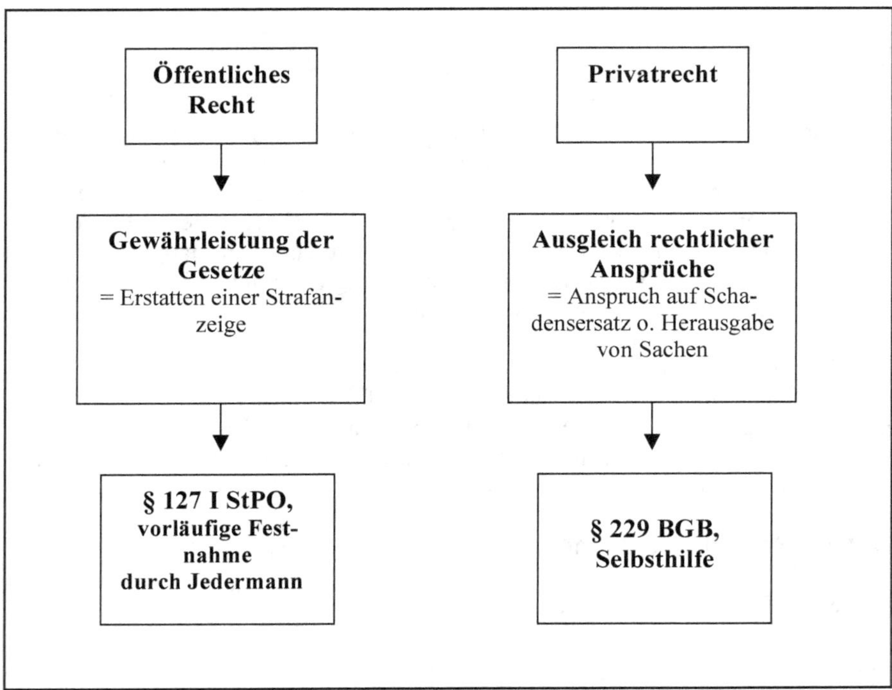

Der Konsument der gefälschten Karten kann sich der Erschleichung von Leistung § 265a StGB und des Betruges § 263 StGB strafbar machen. Der Verkäufer macht sich der Urkundenfälschung strafbar

13 Anlage

Dienstanweisung „Presseball" im Grand Pallas Hotel

Um eine zuverlässige Sicherheit und Ordnung beim „Presseball" zu gewährleisten, handeln die Mitarbeiter des Auftragnehmers während ihrer Dienstzeit nach folgender Dienstanweisung, die seitens der Vertragsschließenden regelmäßig anzupassen ist:

Die Schutzmaßnahmen umfassen:

- das Leben,
- die körperliche Unversehrtheit,
- die Willens- und Handlungsfreiheit

der Mitarbeiter des Grand Pallas Hotels und deren Gäste und Besucher.

1 Schwerpunkte
1.1 Diebstahlmeldung

Wird durch Mitarbeiter des Auftragnehmers ein Diebstahl festgestellt oder werden sie von einem solchen Hinweis in Kenntnis gesetzt, so ist (nach vorheriger Rücksprache mit dem Veranstalter) unverzüglich dieser der Polizei zu melden und zu übergeben.

Folgende Meldung ist vorzunehmen:
- Datum und Uhrzeit der Feststellung
- Ort des Diebstahls
- Getroffene Maßnahme
- Wer wurde wann verständigt
- Ggf. Uhrzeit der Verständigung und Eintreffen der Polizei
- Name des Verantwortlichen der Polizei
- Welche Gegenstände wurden entwendet
- Diebstahlmeldung erstellen

1.2   Feueralarm

Bei Sprinkleralarm oder bei Auslösung des Alarms ist umgehend der Einsatzleiter zu informieren, der anschließend weitere Maßnahmen einleitet (Polizei-, Feuerwehr-, Veranstalter informieren).
Weitere zu treffende Maßnahmen sind:

- anderen Personen helfen
- Ggf. Öffnen von Zufahrten und Notausgängen

1.3.   Verdächtige Gegenstände

Werden verdächtige Gegenstände, z.B. Feuerlöscher, Gasflaschen, Kanister, Kartons, Gepäckstücke usw. an ungewöhnlichen Orten aufgefunden, ist folgendermaßen zu verfahren:

- Keine Funkgeräte oder Mobiltelefone an der Fundstelle benutzen
- Gegenstände nicht bewegen
- Brennbares Material in direkter Umgebung entfernen
- Nicht mit Wasser oder Flüssigkeiten besprühen
- Nicht abdecken
- Gefahrenbereich absperren und kenntlich machen

Der Einsatzleiter informiert (nach Rücksprache mit dem Auftraggeber) die Polizei. Nach Begutachtung des Fundstückes und Bestätigung des Verdachtes sind alle weitergehenden Maßnahmen mit dem Auftraggeber abzusprechen.

1.4   Bombendrohung

Im Fall einer Bombendrohung sind unverzüglich zu verständigen:
- Der Auftraggeber
- Ggf. - nach Anweisung durch den Auftraggeber - die Polizei
- Folgende Meldung ist vorzunehmen:
- Datum und Uhrzeit des Eingangs der Bombendrohung
- Genauer Wortlaut der Bombendrohung
- Besonderheiten, die während des Anrufes bemerkt wurden
- Wer wurde wann verständigt
- Anweisungen des Verständigten
- Getroffene Maßnahmen
- Ggf. Uhrzeit und Eintreffen von Sicherheitskräften, Art und Umfang der Sicherheitskräfte, deren Maßnahmen und Namen des Einsatzleiters
- Ende der Bombendrohung

1.5 Sonstige Hinweise

- Die Mitarbeiter des Auftragnehmers sind vorrauschend tätig, Abweichungen von der Norm jeglichen Verhaltens der Gäste feststellen
- Die Mitarbeiter des Auftragnehmers führen Umfeldbeobachtung durch, um durch intensives Beobachten mögliche Störungen frühzeitig zu erkennen
- Die Mitarbeiter des Auftragnehmers gewährleisten den Schutz des gesamten Personals und der Gäste
- Die Mitarbeiter des Auftragnehmers gewährleisten die Sicherung des Inventars und der baulichen Einrichtungen des Hotels.
- Die Mitarbeiter des Auftragnehmers gewährleisten das Feststellen von Gegenständen, die offensichtlich nicht zum Inventar des Hauses gehören.
- Die Mitarbeiter gewährleisten die Übergabe von Fundsachen an den Auftraggeber
- Die Mitarbeiter des Auftragnehmers gewährleisten das Festhalten von Personen, die ordnungswidrigen oder strafbaren Handlungen auf dem Gelände des Hotels begehen bzw. gegen die geltende Hausordnung handeln und sorgen (nach Rücksprache mit dem Auftraggeber) für eine schnellstmögliche Informationsweitergabe an die zuständige Polizeidienststelle
- Es ist den Mitarbeiten des Auftragnehmers untersagt während der Dienzeiten private Telefongespräche zu führen

2 Konkrete Arbeitspflichten

Sobald der erste Mitarbeiter des Auftragnehmers (i. d. R. der Einsatzleiter) eintrifft, setzt er sich mit dem Veranstalter in Verbindung. Name und Telefonnummer des Ansprechpartners und des Eventmanager werden im Vorfeld bekannt gegeben.

Die SMA haben ausgeruht, nüchtern und pünktlich zum Dienst zu erscheinen. Vor Dienstbeginn erfolgt die Meldung zum Dienst in der Einsatzzentrale.

Die Mitarbeiter müssen sich höflich und einwandfrei gegenüber Kunden/ Gästen verhalten.

Die Mitarbeiter des Auftragnehmers erledigen bei Dienstbeginn bzw. während der Ausübung des Dienstes folgende Tätigkeiten:

- Beobachtung der Besucher und der Eventmieter bezüglich der Einhaltung der Hausordnung
- Einschreiten gegen Randalierer

- Verhinderung von Rauschgifthandel und -konsum
- Verhinderung von Taschendiebstählen
- Meldung nicht genehmigter Promotionsveranstaltungen sowie unerlaubtes Verteilen von Flyern innerhalb des Gebäudes sowie auf den Parkflächen an den Auftraggeber
- Feststellen von technischen Mängeln und Schäden und deren Weiterleitung an den Auftraggeber
- Ständige Kontrolle der Flucht- und Rettungswege
- Auskunftserteilung an Besucher und Hotelgäste
- Unterstützung der Sicherheitsbehörden und des Rettungsdienstes
- Wahrnehmung von Sonderaufgaben nach Anweisung der Weisungsbefugten
- Leisten von 1.Hilfe bei verunglückten Personen sowie Alarmierung des Rettungsdienstes

3   Pausenregelung

Pausen sind nur in den dafür vorgesehenen Räumlichkeiten (werden jeweils bei Dienstbeginn festgelegt) gestattet. Die Pausenzeit gilt als Dienstzeit. Daher ist eine ständige Bereitschaft gegeben. Der Einsatzleiter legt die Pausenzeiten fest. Sie sollen soweit als möglich beweglich sein und sich nach den betrieblichen Belangen im Sinne des Hotels richten. Spätestens nach einer Arbeitszeit von sechs Stunden hintereinander ist eine Pause einzulegen

4   Rechtlicher Rahmen

Die zur Durchsetzung und Gewährung des störungsfreien Veranstaltungsablaufes vorhanden Maßnahmen dürfen nur im Rahmen der Jedermannsrechte erfolgen. Die Sicherheitsmitarbeiter üben keine hoheitliche Gewalt aus.

5   Allgemeines

Diese Dienstanweisung berücksichtigt keine Eventualitäten.

Gegebenenfalls ist von ihr abzuweichen, wenn gegen etwaige Ruhestörer oder Randalierer im Gebäude vorgegangen werden muss bzw. wenn Gefahr in Verzug ist.

Die allgemeinen Verhaltenspflichten ergeben sich aus der Allgemeinen Dienstanweisung des Auftragnehmers.
Soweit nicht Gegenteiliges vereinbart ist gelten die AGB für das Deutsche Wach- und Sicherheitsgewerbe.

In Ergänzung zur allgemeinen Dienstanweisung wurde die objekt- und anlassbezogene Dienstanweisung erstellt. Sie legt fest, wie der Auftrag sicher auszuführen ist. Sie ist von den Mitarbeitern unbedingt einzuhalten und unterschriftlich anzuerkennen.

Kapitel V
Planübung „Popkonzert in der Max-Schmeling-Halle"

von Manuela Daniel, Andrea Heß, Thomas Lyszczan, Lukas Rynski und Thu Thuy Ngyen Thi

1   Der Auftrag

Am 12.07.2007 findet in der Max-Schmeling-Halle das Popkonzert der amerikanischen Sängerin Pink statt.

Sie sind Leiter des Einsatzes der privaten Sicherheitsfirma, welche mit den Aufgaben der Absicherung des Konzertes von Pink beauftragt wurde. Sie sind mit Ihren Kräften für die Aufrechterhaltung der allgemeinen Sicherheit sowie des ordnungsgemäßen und störungsfreien Ablaufes zuständig.

Alle besonderen Maßnahmen sind mit dem Hallenbetreiber der Firma Velomax Berlin Hallenbetriebs GmbH abzustimmen.

Zielsetzung:

Abwicklung eines ordnungsgemäßen Konzertes von Pink am 12.07.2007.

Ziel des Veranstalters ist die Bewerkstelligung eines reibungslosen und störungsfreien Ablaufs des Konzertes, einschließlich der Vorbereitung auf vorhersehbare und unvorhersehbare Zwischenfälle. Das Sicherheitspersonal hat sich auf Zwischenfälle jeglicher Art einzustellen und bei Störungen zielgerichtet zu reagieren. Prävention steht dabei im Vordergrund.

2   Lagebeurteilung

2.1   Allgemeine Lage

Mit mehr als 10 Millionen weltweit verkauften Platten, gehört Pink zu den größeren Musikern des Pop. Daher ist mit einem ausverkauften Konzert zu rechnen. Die amerikanische Künstlerin selbst ist für ihre „Ich-gegen-den-Rest-der-Welt-Einstellung" bekannt und polarisiert mit Bemerkungen wie: „Ecstasy-Pillen sind gut für die Persönlichkeitsentwicklung von Zwölfjährigen".

Weiterhin bezieht sie mit ihrem Songtext zu „Dear Mr. President" politisch Stellung und kritisiert US-Präsident Bush in diesem Lied scharf.

Insgesamt lässt sich festhalten, dass es sich bei Pink um eine Sängerin mit Rockambitionen handelt, die gerne auch mal „aus der Rolle fällt". Mit kleinen Skandalen, wie einem Auftritt bei den MTV-Music-Awards, bei dem sie komplett betrunken war, erregt sie das öffentliche Interesse. Es ist folglich mit jungem „abgedrehten" Publikum und einem erhöhten Medieninteresse zu rechnen.[11]

---

[11] http://www.stern.de/unterhaltung/musik/:Pink-Die-Rock-Schlampe-/515307.html

2.2   Besondere Lage

Am 12.07.2007 findet zwischen 20.15 Uhr und 23.00 Uhr in der Max-Schmeling-Halle (Am Falkplatz 1, 10437 Berlin) das Popkonzert von Pink statt. Da das Konzert ausverkauft ist, werden ca. 7500 Besucher erwartet. Das heißt, fürdiese Veranstaltung ist eine 100%ige Flächenauslastung der Halle zu erwarten.

Im Vorfeld hat es eine erhöhte Nachfrage bezüglich der Eintrittskarten für das Konzert gegeben und längst nicht alle Kartenwünsche konnten erfüllt werden. Daher ist es ratsam sich im Vorfeld über eventuelle gefälschte oder doppelt verkaufte Karten zu informieren.

3   Der Einsatzbereich

3.1   Geografische Lage

Die Max-Schmeling- Halle befindet sich im ehemaligen Grenzgebiet in Berlin, am Mauerpark direkt neben dem Friedrich-Ludwig-Jahn-Sportpark. Sie wird an der Nordseite von der Gaudystraße und dem Falkplatz, sowie an der Ostseite von der Cantianstraße eingerahmt. Das Gebiet um die Halle herum gehört zum sogenannten „Gleimviertel" (abgeleitet von Gleimstraße), welches im Stadtteil Prenzlauer Berg liegt. Durch die zentrumsnahe Lage in guter Infrastruktur, ist eine sehr gute Verkehrsanbindung gewährleistet.[12]

3.2   Anfahrtsskizze

Erfahrungsgemäß reisen die Besucher bei Veranstaltungen dieser Art zu 60% mit den öffentlichen Verkehrsmitteln an.

Die Max-Schmeling-Halle ist mit folgenden Verkehrsmitteln zu erreichen:

S4, S8, S41, S42, S85	S / U Schönhauser Allee
S1, S2, S8, S25, S41, S42	S / U Gesundbrunnen
U2	U Eberswalder Str oder S / U Schönhauser Allee
U8	U Bernauer Straße, U Voltastraße oder S / U Gesundbrunnen
Tram M1	U Eberswalder Str. oder S / U Schönhäuser Allee
Tram M10	Eberswalder Str. Endstation

---

[12] http://de.wikipedia.org/wiki/Max-Schmeling-Halle

Bus 247	Gleimstraße
Bus N8	S / U Gesundbrunnen[13]

Es wird erwartet, dass die meisten Besucher mit der U2 anreisen. Diese gelangen dann vom Bahnhof Eberswalder Straße zu Fuß über die Cantianstraße in die Gaudystraße und direkt zur Halle.

Ca. 40% der Besucher werden mit dem eigenen PKW anreisen.

Dies kann problematisch werden, da die Max Schmeling-Halle nicht über ausreichend Parkplätze verfügt. Es stehen lediglich einige VIP-Parkplätze zur Verfügung, sowie eine Tiefgarage mit ca. 30 Stellplätzen.

Die Möglichkeiten seinen PKW am Straßenrand abzustellen sind ebenfalls begrenzt, da die Stellplätze an den Gehwegen oftmals von den Kraftfahrzeugen der Anwohner belegt sind. Somit ist mit starkem Parksuchverkehr und zähem Verkehrsfluss zu rechnen.[14]

Außerdem haben die Besucher die Möglichkeit mit dem Taxi an- und abzureisen. Hierzu stehen vor der Halle Taxistellflächen zur Verfügung. Kurz vor Ende der Veranstaltung können die Mitarbeiter in der Brandmeldezentrale über einen fest installierten Taxirufknopf mehrere Fahrzeuge anfordern, die den Besuchern dann zur Verfügung stehen.

3.3 Räumlichkeiten

Der Gebäudekomplex „Max Schmeling-Halle" umfasst die Hauptarena und außerdem weitere 3 Dreifach-Sporthallen, in denen regelmäßig der Schul- und Vereinssport stattfindet sowie einen Tanz- und einen Ballettraum. Des Weiteren gibt es eine fest eingerichtete VIP-Lounge, eine sog. Säulenhalle sowie einen separat nutzbaren Pressebereich mit einem Pressekonferenz- und Print-Medienraum.

Seit November 2000 verfügt die Halle über ein eigenes Restaurant namens ALBATROS und einen dem Restaurant angeschlossenen kleinen Veranstaltungsraum.[15]

Das Pink- Konzert findet in der Hauptarena auf ca. 2200 qm statt. Die Arena ist das Herzstück der dreischiffigen Anlage der Max-Schmeling-Halle.

Die Aktionsfläche befindet sich im Untergeschoss (U1). In unserem Fall haben wir eine Frontbühne mit 20 x 18m. Daher gibt es ca. 2700 Stehplätze im Innenraum.

---

[13] www.max-schmeling-halle.de
[14] www.bmp.de/vorort/
[15] http://de.wikipedia.org/wiki/Max-Schmeling-Halle

Damit sind wir bei einer Kapazität von ca. 7500.

Sitzplätze Tribünen	ca.	4300
Stehplätze Umgang	ca.	500
Stehplätze Innenraum	ca.	2700
Rollstuhlplätze		16
gesamt		**7516**

Während unseres Konzertes wird nur die Hauptarena und die VIP- Lounge genutzt, in allen anderen Räumlichkeiten finden keine weiteren Veranstaltungen statt. Die VIP-Lounge ist in zwei Ebenen (oberer und unterer Bereich) unterteilt, die durch Treppenstufen miteinander verbunden sind. Die Räumlichkeit eignet sich, wie der Name bereits ausdrückt, für die Bewirtung von VIPs. Die maximale Kapazität dieser Lounge beträgt unbestuhlt 500 Plätze.

3.4   Zeitabläufe

Das Konzert findet am 12.07.2007 statt. Da die Sicherheitsfirma mit der Max-Schmeling-Halle vertraut ist, findet das Sicherheitsgespräch erst am Konzerttag statt.

09.00 Uhr	Begehung der Halle mit Sicherheitsbesprechung
17.00 Uhr - 18.00 Uhr	Generalprobe
17.30 Uhr - 18.30 Uhr	Personaleinweisung
18.30 Uhr	Einlassbeginn
20.45 Uhr	Pink betritt die Bühne
23.00 Uhr	Ende des Konzertes mit Abschlussfeuerwerk
00.00 Uhr	Ende der Maßnahmen

Abweichungen sind mit dem Konzertveranstalter bzw. dem Hausverantwortlichen der Velomax Berlin Hallenbetriebs GmbH abzustimmen.

3.5   Ansprechpartner vor Ort

- Veranstalter
- Hallenbetreiber: Frau K.
- Einsatzleiter Sicherheit
- Einsatzleiter Facility Services
- Sanitätsdienst
- Brandmeldezentrale
- Teilnehmerzugang

3.6 Rettungseinheiten

Die Max-Schmeling-Halle liegt im Zentrum Berlins inmitten guter Infrastruktur. Rettungskräfte haben kurze Anfahrtswege.

nächste Polizeiwache:	Eberswalderstr. 6-9, Entfernung ca. 1,6 km, Anfahrtsdauer ca. 3 min über das Sportparkgelände, Entfernung < 600m
nächste Feuerwache:	Oderbergerstr. 24, Entfernung ca. 1,9 km, Anfahrtsdauer ca. 4 min
nächstes Krankenhaus:	Fröbelstr. 15, 10405 Berlin, Entfernung ca. 2,4 km, Anfahrtsdauer ca. 5 min

3.7 Besucher

Die Künstlerin polarisiert einige Bürger in den USA, da sie in einem ihrer Lieder den US-amerikanischen Präsidenten Bush scharf kritisiert – in Europa ist jedoch mit keinen Antipathie-Kundgebungen gegen sie zu rechnen.

Allgemein kann man davon ausgehen, dass das Publikum die Altersspanne zwischen 15 und 25 Jahren umfasst, wobei keine spezifische Typisierung der Konzertbesucher vorgenommen werden kann.

An dem Abend des Konzertes werden 7500 Zuschauer erwartet, da die Halle ausverkauft ist. Teilweise kann es dazu kommen, dass einige Besucher altersentsprechend hysterisch reagieren, aufmüpfig sind oder unter dem Einfluss von Drogen stehen. Ansonsten ist von einem weitgehend friedlichen Veranstaltungsverlauf mit friedlichen Besuchern ausgehen.

3.8 Die Wetterlage

Für Donnerstag, den 12.07.2007, wird tagsüber eine Temperatur von 13-18 °C erwartet. Hin und wieder kann es zu leichten Schauern kommen, jedoch weniger als an den beiden Vortagen. Es weht ein mäßiger und zeitweise böiger Wind aus westlicher Richtung mit Geschwindigkeiten bis zu 11 km/h.[16]
Für den Konzertzeitraum wird mit einem Temperaturabfall im Bereich des Tagestiefstwertes von 13° C gerechnet. Da die Schauer jedoch zum Abend hin allmählich abklingen, dürfte es größtenteils trocken werden.
Mit einer Überbelastung der Garderobe durch Regenschirme und dicke Jacken ist somit nicht zu rechnen. Fans, welche schon seit mehreren Stunden auf den Beginn

---

[16] www.wetter24.de

des Einlasses warten, könnten kältebedingte Beeinträchtigungen zeigen und somit ist damit zu rechnen, dass sie es eilig haben in den Veranstaltungsbereich zu gelangen. Ob den Fans während des Wartens warme Getränke (Tee in Bechern bspw.) gereicht werden, obliegt dem Veranstalter.

3.9   Einlässe

An dem Konzerttag ist es über 3 Eingänge möglich in die Halle zu gelangen.
Der Haupteingang für Besucher der Veranstaltung befindet sich in der Verlängerung der Gaudystraße vor dem Falkplatz (Nordfront).[17]
Der Besucherstrom wird über drei voneinander getrennte „Einlass-Container" kanalisiert.
VIP-Gäste, die Künstlerin selbst, ihre Crew und Ausrüstung werden an der Ostfront direkt in der Gaudystraße eingelassen.[18]
Die Mitarbeiter werden über die Vorderfront an der Brandmeldezentrale ins Gebäude gelangen.[19]
Da laut Hausordnung der Max-Schmeling-Halle in der Arena ein Rauchverbot besteht, wird den Besuchern das Rauchen vor dem Haupteingang ermöglicht. Hierzu werden die dortigen Absperrungen während der Veranstaltung so umgebaut, dass eine ausreichend große Raucherzone entsteht.
Dieser abgegrenzte Bereich wird gegen Ende der Veranstaltung entfernt, um einen schnellen Besucherabstrom zu gewährleisten.

4   Strategische und operative Überlegungen

4.1   Rechtliche Grundlagen

Zur Absicherung und Durchführung des Auftrages überträgt der Hallenbetreiber Velomax das Hausrecht komplett, sowie die Schlüsselgewalt teilweise an unsere Sicherheitsfirma. Die Schlüsselgewalt umfasst alle für die Veranstaltung relevanten Bereiche, jedoch nicht den ganzen Hallenkomplex.
Der § 34a der Gewerbeordnung sowie die Bewachungsverordnung (BewachV) dienen als eine weitere rechtliche Grundlage für das tätig werden der Sicherheitsfirma.
Den Sicherheitsmitarbeitern stehen lediglich Jedermann zustehende Rechte zu. „Jedermannsrechte" sind beispielsweise:

---

[17] http://www.max-schmeling-halle.de/
[18] http://www.ar.fh-koeln.de/projekte/berlin_exkursion04/referate/Olympiabauten.pdf
[19] http://www.ar.fh-koeln.de/projekte/berlin_exkursion04/referate/Olympiabauten.pdf

- vorläufige Festnahme § 127 Abs. 1 StPO
- Notwehr, Nothilfe, Notstand § 32, 34, 35 StGB[20]

Eine weitere essentielle Vorschrift sind die Unfallverhütungsvorschriften „BGV C7". Der Sicherheitsauftrag, welcher uns übertragen wurde, fällt gem. §1 BGV C7 in folgenden Punkten in dessen Geltungsbereich:

- Sicherung von Objekten einschließlich Werkschutz
- Empfangs- und Pfortendienst
- Revier- und Streifendienst
- Sicherungs- und Ordnungsdienst bei Veranstaltungen
- Teilweise Personenschutz

Es folgt eine exemplarische Auflistung der wichtigsten Vorschriften, die bei uns Anwendung finden:

- Die Dienstanweisungen erfüllen die Vorgaben des § 4 BGV C7
- Die Einnahme berauschender Mittel ist während der Dienstzeit untersagt und auf einen entsprechenden Zeitraum vor dem Einsatz auszudehnen, gem. § 5 BGV C7
- Mögliche Gefahren und Gefahrenstellen sind gem. § 6 BGV C7 objekt- und tätigkeitsbezogen ermittelt und beurteilt sowie die Sicherheitsmitarbeiter dementsprechend eingewiesen worden (gem. § 9 BGV C7)
- Der Einsatz von zwei oder mehr Sicherheitsmitarbeitern ist nicht nur nach § 7 BGV C7 erforderlich, sondern auf Grund der Größe der Veranstaltung sowieso unerlässlich
- Alle erforderlichen Ausrüstungen und Hilfsmittel befinden sich in ordnungsgemäßem Zustand und erfüllen auch sonst alle Vorschriften des § 10 BGV C 7[21]

4.2 Behördenabstimmungen

Ein Konzert bzw. eine öffentliche Veranstaltung in dieser Größenordnung muss beim zuständigen Bezirksamt / Ordnungsamt rechtzeitig angezeigt werden Insbesondere muss ein Sicherheitskonzept erstellt und ein Ordnungsdienst eingerichtet werden, welche mit den für Sicherheit und Ordnung zuständigen Behörden (Polizei, Feuerwehr, Rettungsdienst) deckungsgleich agieren.[22] Laut Merkblatt

---

[20] http://de.wikipedia.org/wiki/Sicherheitsdienst
[21] http://www.lightnmusic.de/download/pdf/Gesetze/vbg68.pdf
[22] § 43 II Versammlungsstättenverordnung (MVStättV)

2801[23] der Senatsverwaltung für Inneres sollen für die Notfallversorgung nicht weniger als 8 Helfer und 1 Arzt für die Gesamtdauer der Veranstaltung vor Ort sein. Zusätzlich muss eine Unfallhilfestelle eingerichtet sein, ein Krankentransportwagen und ein Rettungswagen bereit stehen. Die Besatzung der Unfallhilfestelle und der Rettungswagen ist nicht in der Anzahl der Helfer enthalten.
Diese Sanitätsdienste können auf verschiedene Organisationen wie Malteser Hilfsdienst oder Dt. Rotes Kreuz übertragen werden.
Nach §116 Versammlungsstättenverordnung[24] muss eine Brandsicherheitswache abgestellt werden. Diese Funktion wird von der Feuerwehr ausgeübt, kann aber auch durch entsprechend qualifiziertes Personal selber besetzt werden.

4.3 Festlegung der Sicherheitsbereiche

Unter dem Begriff Sicherheitsbereich versteht man den gesamten zu schützenden Bereich. Er wird unterteilt in äußeren und inneren Sicherheitsbereich.
Die beiden Bereiche unterscheiden sich meist in ihrer Sensibilität und werden deshalb in der Regel mit individuellen Sicherheitskonzepten versehen.

4.3.1 Einsatzzentrale

Die Einsatzzentrale ist die koordinierte Stelle für die Sicherheit der Veranstaltung. Sie dient als Ansprechstelle für die Organisation, den Ablauf und etwaige Vorkommnisse. Sie nimmt Informationen entgegen und wertet diese aus, um sie dann mittels Kommunikationstechnik (Funk, Telefon, Fax, Video etc.) zu koordinieren.
Die Einsatzzentrale ist ständig besetzt von mindestens einem Mitarbeiter des Sicherheitsdienstleisters. Sie ist zugleich Meldekopf, d.h. hier melden sich die Mitarbeiter bei Dienstbeginn und -ende, um ihre Informationen, Einsatzpläne, Kleidung und Geräte (Funk) zu empfangen bzw. abzugeben. Das Lagezentrum Sicherheit befindet sich über den Blöcken G und H.

4.3.2 Äußere Absicherung

Der äußere Sicherheitsbereich ist die freie und überwachte Zone, welche der Umschließung des inneren Sicherheitsbereiches vorgelagert ist. Nach außen wird sie in der Regel durch Zugangshindernisse begrenzt und durch diese als Sicherheitsbereich kenntlich gemacht.
Die äußere Absicherung umfasst in erster Linie die Bewachung des Objektes und das frühe Erkennen und Einordnen kritischer Personen und Ereignisse. Zu diesem Zweck findet ein enger Informationsaustausch mit den Polizeikräften vor dem Veranstaltungsgelände statt, da das übertragene Hausrecht an der Grundstücks-

---

[23] http://www.drk-berlin.de/infos/Merkblatt_Veranstalter.pdf
[24] http://rlp.juris.de/rlp/VStaettV_RP_P116.htm

grenze endet (Rasenkante, Gehweg). Die Sicherheitsmitarbeiter im Außenbereich sind für die Einweisung der Rettungskräfte sowie den Einlass berechtigter Fahrzeuge und Personen verantwortlich.
Weitere Aufgaben sind die Bewachung des Geländes und die damit einhergehende Frühwarnung. Die Sicherheitsmitarbeiter sind anhand ihrer Kleidung als solche erkennbar. Somit wird auch für Besucher und Passanten deutlich, dass der Ablauf der Veranstaltung sowie das Gelände durch Mitarbeiter des Sicherheitsdienstes organisiert bzw. gesichert werden.

4.3.3   Innere Absicherung

Der innere Sicherheitsbereich ist der sensible Bereich eines Ereignisses (hier: der Veranstaltung). Er beinhaltet den Großteil der zu schützenden Güter. Er ist gegen Störmaßnahmen oder sonstige Einwirkungen Dritter mit Hilfe von personellen, technischen und organisatorischen Maßnahmen zu schützen.

Zum Innenbereich gehören folgende Örtlichkeiten:

- Einlassbereich
- Teilnehmer, VIP- und Pressebereich
- Bühnenbereich
- Backstagebereich
- Veranstaltungsbereich Innenraum/Blöcke
- Brandschutz

4.3.3.1   Der Einlassbereich

Die Zugangskontrolle stellt die primäre Aufgabe im Einlassbereich dar. Folgende Anforderungen werden an die Sicherheitsmitarbeiter in diesem Bereich gestellt:

- Zugang von Personen und Gegenständen nur mit entsprechender Berechtigung genehmigen und gegebenenfalls verwehren bzw. verwahren
- Den Personen ein reibungsloses Verlassen des Zuschauerbereiches bei Pausen, sonstigen Unterbrechungen oder nach Ende der Veranstaltung ermöglichen
- Seriöses, freundliches aber bestimmtes Auftreten und gepflegtes Erscheinungsbild

4.3.3.2   Der Teilnehmer, VIP- und Pressebereich

Im Teilnehmer, VIP- und Pressebereich ist die Hauptaufgabe das visuelle Erfassen von Gefahrensituationen und die Einleitung von geeigneten Gefahrenmaßnahmen.

Des Weiteren ist darauf zu achten, dass keine normalen Gäste in diese Bereiche gelangen. Presse (Medien-) Vertretern werden vor dem Pressebereich gesammelt und geschlossen durch die Personenkontrolleinrichtung am Presseeingang geführt, um somit in das Veranstaltungsgebäude zu gelangen.

Die Sicherheitsmitarbeiter werden angewiesen für das Freihalten der Flucht- und Rettungswege zu sorgen. Weiterhin sollen sie, wie alle anderen Sicherheitsmitarbeiter auch, das Hausrecht durchsetzen und bei Vorkommnissen jeglicher Art einschreiten und Hilfe leisten.

4.3.3.3 Der Bühnenbereich

Der Bühnenbereich bedarf besonderer Schutzmaßnahmen, da hier eine Störung große und unangenehme Wirkungen erzielen könnte. Der Bühnenbereich ist durch ein erhöhtes Podest (Bühne) klar erkennbar und durch eine bauliche Abtrennung, wie einen Bühnengraben zum Veranstaltungsbereich getrennt, um den direkten Kontakt zu den Gästen zu unterbinden. Schutzmaßnahmen werden hier durch eine verstärke Anzahl von Sicherheitskräften getroffen. Diesen Bereich dürfen nur berechtigte Personen betreten, die vorher festgelegt wurden und mit Ausweisen gekennzeichnet sind.

4.3.3.4 Der Backstagebereich

Ausschließlich berechtigte Personen dürfen den Bereich, neben und hinter der Bühne (Backstage) betreten. Dieser Personenkreis wird durch die Veranstaltungsleitung definiert und erhält besondere Ausweise, die ständig sichtbar zu tragen sind. Die Hauptaufgabe dieses Bereiches besteht in der Gewährleistung des störungsfreien Ablaufs des Konzerts. Die Fahrstühle, die in diesen Bereich fahren, sind für diese Veranstaltung so programmiert, dass sie nicht nach unten (U1) fahren, sondern nur nach oben.

Der Auftrag für den Backstagebereich setzt sich zusammen aus einer Zugangskontrolle für den speziellen Bereich und der Unterstützung des Personenschutzes bei der Abschirmung von „Pink".

4.3.3.5 Der Veranstaltungsbereich

Im Veranstaltungsbereich also in der gesamten Hauptarena können sich die Besucher frei bewegen.

Es gibt lediglich Zugangskontrollen für den Innenraum.

Man kann die Teleskoptribühnen so einklappen, dass man nur 4 Zugänge zum Innenraum vom Umlauf aus hat. Diese sind bei Block G, H, J und E.

Des Weiteren gibt es im Innenraum einen Wellenbrecher. In den großen Veranstaltungsräumen und Verkehrsflächen befinden sich Wellenbrecher, Elemente mit speziellen Metallzäunen, die eventuellen panischen Menschenströmen geordnet im Weg stehen. Sie sollen verhindern, dass beim Ausbrechen einer Panik eine unkontrollierte Menschenmasse zu schnell in Bewegung kommt, damit niemand durch Niedertrampeln verletzt oder getötet wird und damit während des Konzertes der Druck auf die vorderen Besucher durch die Menschenmassen hinter ihnen abgeschwächt wird.

Besonders bei Konzerten kommen Wellenbrecher zum Einsatz. Dort wird der Wellenbrecher eingesetzt, um den vordersten Stehbereich (500 Personen) vor der Bühne vom Restlichen zu teilen. Dabei ergibt sich meistens noch ein Gang, da zwei Wellenbrecher aufgestellt werden, in dem Security-Personal und Mitarbeiter des Sanitätsdienstes Platz finden.[25]

Die Sicherheitsmitarbeiter, welche an den Zugängen zum Innenraum stehen, müssen die Zugangskontrolle zum Innenraum realisieren.

Des Weiteren gibt es Mitarbeiter, welche Streifengänge durchführen und das Technikpult bewachen. Da sie für die Gäste als Ansprechpartner fungieren müssen sie, je nach Situation, diverse Probleme lösen.

Erfahrungsgemäß sind die häufigsten Probleme alkoholisierte oder verloren gegangene Personen oder abhanden gekommene Gegenstände.

4.3.3.6 Brandschutz

Der vorbeugende Brand- und Gefahrenschutz bei Veranstaltungen hat zum Ziel, den Ausbruch eines Brandes zu verhindern und die Gefährdung von Personen auszuschließen. Wesentlich ist hierbei, dass für die festgelegte Besucherzahl ausreichend Rettungswege zur Verfügung stehen und diese auch bei einem Stromausfall benutzt werden können. Dafür gibt es die Notausgänge und die Sammelstellen, welche in jedem Fall zu erkennen sind.

Während des Konzertes sind Brandsicherheitswachen[26] vor Ort, damit im Falle eines Brandes oder eines technischen Defektes sofort mit der Brandbekämpfung begonnen werden kann und gegebenenfalls erste Rettungsmaßnahmen eingeleitet werden können.

Des Weiteren müssen die Dekoration und Ausstattung der Bühne sowie feuergefährliche Handlungen auf der Bühne genehmigt werden.[27]

---

[25] www.wikipedia.de/wiki/Wellenbrecher
[26] http://rlp.juris.de/rlp/VStaettV_RP_P116.htm
[27] http://www.feuerwehr.muenchen.de/bd50vorb/b54veran/b54veran.htm

5 Beteiligte Einsatzkräfte

Um einen störungsfreien und ordnungsgemäßen Ablauf des Konzertes zu gewährleisten ist es wichtig, dass die verschiedenen Schnittstellen adäquat und auf einem qualitativ hochwertigen Niveau zusammenarbeiten.

5.1 Hausverantwortliche

Der Hausverantwortliche für die Max-Schmeling-Halle ist die Velomax Berlin Hallenbetriebs GmbH. Sie versteht sich als „Dienstleistungsunternehmen mit einem ausgeprägten Service- und Qualitätsbewusstsein". [28]
Die Aufgaben von Velomax gliedern sich in verschiedene Fachabteilungen:

- Veranstaltungsmanagement
- Veranstaltungstechnik
- Gastronomie
- Kartenvertrieb
- Facility Management

5.2 Veranstalter

Als Veranstalter wird die Produktionsfirma des Künstlers gesehen, welche Fragen klären muss wie:

- Wann darf die Presse wohin?
- Welche Gegenstände dürfen nicht mit in die Halle?

Des Weiteren müssen sie mit dem Hausverantwortlichen und der Sicherheitsfirma Absprachen treffen bezüglich des Verlaufes der Veranstaltung.
Als Hauptaufgabe steht der reibungslose Ablauf des Konzertes.

5.3 Polizei

Die im Bereich der Max-Schmeling-Halle stationierten Polizeikräfte werden die Standortsicherheit während der gesamten Versammlung unterstützen.
Im Vorfeld wird sich die Polizei mit dem Haus und dem Sicherheitsdienst abstimmen. Sollte dabei ein erhöhtes Gefährdungspotenzial durch die Polizei wahrgenommen werden, stellt diese weitere Einsatzkräfte zur Verfügung.
Bei dem Konzert von Pink werden ca. 10 Einsatzkräfte der Polizei vor Ort sein.

---

[28] http://www.velomax.de/

5.4   Sanitäter

Sie gehören zum Bild einer jeden größeren Veranstaltung: Die meist ehrenamtlichen Mitarbeiterinnen und Mitarbeiter des Sanitätsdienstes, leicht erkennbar an ihrer Einsatzbekleidung. Der Malteser Sanitätsdienst und das DRK leisten wirksame Hilfe im Gesamtsystem der Notfallvorsorge, insbesondere in Zusammenarbeit mit dem Rettungsdienst.[29]

5.5   Reinigungsdienst

Der Partner der Velomax Hallenbetriebs GmbH ist die Unternehmensgruppe Gegenbauer. Der Reinigungsdienst der Max-Schmeling-Halle gliedert sich also im Bereich Facility Services der Unternehmensgruppe Gegenbauer ein.

Die Hauptaufgabe besteht darin, das Gebäude in einem einwandfreien und gepflegten Zustand zu halten, da das ein angenehmes und positives Gefühl bei den Nutzern und Gästen zur Folge hat.[30]

5.6   Sicherheitsdienst

Der Sicherheitsdienst der Max-Schmeling-Halle gliedert sich ebenfalls in den Bereich der Unternehmensgruppe Gegenbauer ein. Ob im privatwirtschaftlichen und öffentlichen Bereich oder im häuslichen Umfeld: Sicherheit zählt zu den Grundbedürfnissen des Menschen. Gerade in einer offenen und freiheitlichen Gesellschaft ist jedoch das Spektrum der Bedrohungspotentiale breit.

Die Arbeit in sicherheitsempfindlichen Bereichen, zu denen Veranstaltungsörtlichkeiten zählen, erfordert Spezialwissen, Erfahrung, technisches Know-how und Vertrauen. In einer Zeit, in der staatliche Institutionen sich zunehmend auf die Wahrnehmung rein hoheitlicher Aufgaben beschränken, kommt privaten Sicherheitsunternehmen eine hohe Bedeutung zu.

Die Aufgaben für den Sicherheitsdienst während des Konzertes sind breit gefächert:

- Sicherheitskonzepte für das Konzert erstellen
- Bedrohungs- und Risikoanalyse erstellen
- Sicherung der Veranstaltung
- Ordnerdienste
- Garderobenservice
- Informationsservice
- Sicherung von VIP-Veranstaltungen
- Parkraumbetreuung

---

[29] http://www.malteser.de/
[30] http://www.gegenbauer.de/

- Brandschutz
- Alarmaufschaltung
- Videoüberwachung
- Personaleinsatzplanung[31]

Während des gesamten Einsatzes wird mittels Funktechnik kommuniziert, um eine schnelle und unabhängige Nachrichtenübermittlung zu gewährleisten. Alle Einsatzleiter sowie alle Mitarbeiter, welche allein auf einer Position sind, bekommen Funk. Während des Konzertes wird auf 3 unterschiedlichen Kanälen im sog. Wechselverkehr gefunkt.

Der Backstagebereich und der Bereich der äußeren Absicherung haben einen eigenen Kanal. Während des Gespräches ist auf Funkdisziplin zu achten, da das Haus und der Veranstalter mithören. Das heißt, es dürfen keine Beleidigungen, Scherze und absichtliche Störungen gemacht werden. Ein Weiteres „no go" im Sicherheitsbereich ist das Nennen von Namen. Es wird sich immer mit Zahlen, Positionen oder Nicknamen angesprochen, dass eine gewisse Anonymität gegen Abhörer besteht.

6 Ablauf der Veranstaltung

6.1 Vorbereitung aus Sicht des Sicherheitsdienstes

Die Vorbereitung zum Einsatz beginnt mit der Planung der Veranstaltung. Etwa eine Woche vor der Veranstaltung bekommt der Sicherheitsdienst den Zeitplan der Veranstaltung. Somit kann er sich um die Mitarbeiterakquise kümmern.

Etwa 4 Tage vorher erfahren die Mitarbeiter zu welcher Zeit sie am Einsatzort sein sollen. Des Weiteren finden Vorbesprechungen mit dem Hallenbetreiber statt und auch eine Objektbesichtigung.

Am Veranstaltungstag startet der Einsatz mit dem Dienstbeginn. Die Mitarbeiter finden sich in der Einsatzzentrale (über Block G und H) ein.

Die Vollständigkeit der anwesenden Sicherheitsmitarbeiter wird überprüft, anschließend wird mit der Einweisung begonnen.

Folgende Sachverhalte werden besprochen:

- Haupteinsatzleitung und Stellvertreter vorstellen
- Leiter der einzelnen Sicherheitsbereiche vorstellen
- Geplanter Einsatzbeginn und voraussichtliches Ende

---

[31] http://www.gegenbauer.de/

- Veranstaltungsablauf
- Einsatzmittel ausgeben und einweisen (z.B. Funkgeräte, Ersatzakkus, Taschenlampen, Klicker etc.)
- Einsatzräume (Sicherheitsbereiche erläutern und Zutrittsberechtigungen klären)
- Besonderheiten, Sicherheitslage (geplante Besucheranzahl)
- Einsatzmaßnahmen erläutern (freundliches aber bestimmtes Auftreten evtl. Einschalten der Polizei)
- Verhalten bei Streitigkeiten, Störungen, Brand, Bombendrohung
- Erreichbarkeiten klären
- Eventuelle Rückfragen klären

Nach der Personaleinteilung werden die Mitarbeiter durch Ihren Bereichsleiter in die Einsatzorte / Sicherheitsbereiche speziell vor Ort eingewiesen. Von dem Mitarbeiter wird dann erwartet, die Aufgaben, welche auf seinen Einsatzort zugeschnitten sind, zu beherrschen.
Diese Aufgaben sind u.a.:

- Wichtige Personen (Veranstalter, Künstler, Vorgesetzte) erkennen
- Sonderzugangsberechtigungen (Sonderausweise Bühne, Backstage) kennen und verifizieren
- Verhalten bei Konflikten, Störungen, etc. und zu ergreifende Maßnahmen tätigen
- Verhalten bei Unterbrechungen, Pausen und Ende der Veranstaltung
- Kompetenter Ansprechpartner bei eventuellen Rückfragen der Gäste sein

Nach der Erkundung und Einweisung testen die Sicherheitsmitarbeiter ihre empfangenen Einsatzmittel (Funk, etc.).
Das Sicherheitspersonal sollte nun einsatzbereit sein.

6.2 Einsatzdurchführung

Das Sicherheitspersonal hat seine Posten bezogen und geht seinen Aufträgen nach. Alle außergewöhnlichen Ereignisse (Konflikte, Störungen, etc.) sind sofort den Bereichsleitern und danach der Einsatzzentrale zu melden.
Das Verhalten bei Störungen, Konflikten, etc. mit den jeweiligen einzelnen Maßnahmen wird anhand von Lagen / Szenarien festgelegt.

6.3 Ende der Veranstaltung

Nach dem abschließenden Feuerwerk wird „Pink" die Bühne verlassen und das Licht in der Hauptarena wird angeschaltet, danach ist ein Besucherabstrom zu erwarten. Da erst 30 min. nach Veranstaltungsende Ausschankschluss sein wird, dauert der Auslass erwartungsgemäß länger und erfolgt nicht direkt nach dem Konzert, da sich die Gäste im Umlauf aufhalten werden.

Erst nach Ausschankschluss findet die Saalräumung statt. Diese folgt immer von innen nach außen d.h. man beginnt also im Innenraum und leitet die Gäste dann von Block G und H zu beiden Seiten in den Umlauf und danach hinaus. Erfahrungsgemäß ist der Oberring zuerst leer, da dort kein Ausschank stattfindet. Die letzten Personen werden dann an Block A (Container 1) heraus begleitet.

Während der Saalräumung erfolgt durch die Mitarbeiter eine Schadensbegehung der Halle.

Danach kann die Halle übergeben werden.

Der Container 1 bleibt noch so lange mit einem Mitarbeiter besetzt, bis die Merchandisingstände abgebaut haben. Das gilt auch für die VIP- Lounge, da die VIP Gäste meist noch etwas länger bleiben. Der Abbau kann hier bereits parallel erfolgen.

Nach der Veranstaltung findet eine kurze Nachbesprechung der Verantwortlichen statt.

7 Szenarien

7.1 Szenario 1 Bombendrohung

Zu Beginn des „Pink" Konzerts geht in der Brandmeldezentrale der Max-Schmeling-Halle ein anonymer Anruf ein.

Eine männliche Person behauptet eine Bombe deponiert zu haben und diese zu sprengen, wenn das Konzert nicht sofort abgebrochen wird.

Lösung:

Bombendrohungen machen zahlenmäßig einen erheblichen Anteil an störenden Handlungen aus. Zwar haben nur die wenigsten Bombendrohungen einen ernst gemeinten Hintergrund, aber trotzdem müssen diese stets ernst genommen werden. In den meisten Fällen geht einem Anschlag keine vorherige Drohung voraus.

Bombendrohungen stellen einen Straftatbestand nach folgenden Paragraphen dar:

- § 126 StGB Störung des öffentlichen Friedens durch Androhung von Straftaten
- § 241 StGB Bedrohung
- § 253 StGB Erpressung

Als vorbeugende Maßnahmen können im Vorfeld folgende Maßnahmen getroffen werden:

- Vordrucke zur optimalen Aufnahme von Drohungen erstellen
- Beschaffung von Sprachaufzeichnungsgeräten
- Erstellung eines Durchsuchungsplans (zunächst Fluchtweg- und Sammelplatzdurchsuchung)
- Training / Einweisung der Mitarbeiter
- Vorbereitung ärztlicher Hilfsmaßnahmen
- Sicherungsmaßnahmen für das gefährdete Objekt
- Maßnahmen zur Verkehrslenkung und Sperrung (Zuständigkeitsbereich)

Die Brandmeldezentrale der Max-Schmeling-Halle wird von Sicherheitsmitarbeitern besetzt. Diese müssen jedoch bei Eingang der Bombendrohung richtig reagieren und deshalb im Vorfeld darauf geschult werden.

Ist es technisch möglich, sollte gleich eine Sprachaufzeichnung beim Telefonat ausgelöst werden. Unabhängig davon erstellt der Mitarbeiter Notizen auf den Vordrucken und stellt die vorgegebenen Fragen, um möglichst viele Informationen zu gewinnen.[32]

Diese Informationen werden an die Leitung der Sicherheitsabteilung weitergegeben und einer Ernsthaftigkeitsprüfung unterzogen.

Diese beinhaltet unter anderem folgenden Punkte:

- allgemeine Bedrohungssituation
- Vorstellbarkeit und Realitätsnähe des Inhaltes der Drohung
- konkrete Angaben über den bedrohten Ort und Detonationszeit
- Erreichbarkeit des bedrohten Bereiches für den Drohenden
- Angaben über Art, Größe, Form und Wirkung des angeblichen Sprengsatzes
- Vergleichbare Drohungsvorkommnisse im Umfeld

Ist die Ernsthaftigkeitsprüfung als realistisch eingestuft worden, wird die Polizei eingeschaltet und die weiteren Alarmierungsabläufe abgestimmt. Diese sehen dann wie folgt aus:

- Umfeldbeobachtung und Sicherung

---

[32] http://www.unternehmenswerkstatt-bb.de/B/Bombendrohung.html

- Verstärkung der Kontroll- und Sicherungsmaßnahmen
- Abschirmung bedrohter Bereiche
- Absuche der Fluchtwege
- Auslösung von Alarm und Räumung
- Absuche des Objektes (Kennzeichnung abgesuchter Räume)
- Hinzuziehen von Fachleuten der Polizei beim Bombenfund[33]

7.2 Szenario 2 Fan stürmt Bühne

Ort: Im Konzertsaal

Situation:

Ein verrückter Fan versucht an dem Bühnenschutz vorbei zu kommen, um auf die Bühne zu gelangen. Die Sicherheitskräfte können diesen Übergriff verhindern und geleiten die Person freundlich an den Rand, um ihn von der unmittelbaren Nähe zur Bühne zu entfernen und ihn zu belehren.

Bei der „Festnahme" stellt sich heraus, dass der Gast Drogen zu sich genommen hat und auch Kokain bei sich führt.

Lösung:

Die Sicherheitskräfte müssen sofort reagieren und den Mann zurück halten. Die anderen Kräfte beobachten weiterhin die Saalumgebung und das Verhalten der Übrigen. Des Weiteren wird der Bereichsleiter dazu geholt und der Einsatzleiter von dem Vorfall in Kenntnis gesetzt. Zwei weitere Sicherheitsmitarbeiter gehen langsam und ruhig auf den Fan zu und bitten ihn den Konzertsaal zu verlassen.

Bei Folgeleistung wird er durch die zwei Sicherheitskräfte hinaus begleitet und der Standortsicherheit oder gegebenenfalls der Polizei zur weiteren Verfahrensweise übergeben.

Bei Nichtfolgeleistung wird zunächst ein „Platzverweis" ausgesprochen und ein Hausverbot angedroht. Wenn sich der Mann trotzdem noch stark zur Wehr setzt, kann eine Anzeige wegen Hausfriedensbruch erhoben werden.

Das Herbeirufen der Polizei zur Feststellung der Identität ist in diesem Fall sowieso unerlässlich, da es laut der Situation bei der Festnahme dazu kam, dass man bei der Person Kokain gefunden hatte. Kokain gehört zu den illegalen Suchtmitteln, deren Besitz sowie dessen Handel nach dem Betäubungsmittelgesetz verboten sind und strafrechtlich verfolgt werden müssen.

---

[33] http://www.polizei-bw.net/vorbeugung/propk/download/behoerdenfalt_251104.pdf

Eine Erscheinungsform von Drogenkriminalität sind die Betäubungsmitteldelikte, die unmittelbar mit dem Besitz, Verkauf und Handel mit Drogen in Zusammenhang stehen.

Die Strafbarkeit von Betäubungsmitteldelikten richtet sich nach dem Betäubungsmittelgesetz. In den §§ 29 bis 30b BtMG sind eine Vielzahl von Straftatbeständen geregelt.[34]

Von praktischer Bedeutung sind vor allem die Grunddelikte der §§ 29 I Nr. 1 und Nr. 3 BtMG. Demnach macht sich strafbar, wer Betäubungsmittel unerlaubt anbaut, herstellt, mit ihnen Handel treibt, sie, ohne Handel zu treiben, einführt, ausführt, veräußert, abgibt, sonst in den Verkehr bringt, erwirbt oder sich in sonstiger Weise verschafft (Nr. 1) bzw. sie besitzt, ohne zugleich im Besitz einer schriftlichen Erlaubnis für den Erwerb zu sein (Nr. 3). Derartige Straftaten werden mit Freiheitsstrafe bis zu fünf Jahren oder mit Geldstrafe bestraft.

7.3   Szenario 3 Messerfund während der Einlassphase

Bei der Personenkontrolle am Eingang zur Max-Schmeling-Halle findet ein Sicherheitsmitarbeiter bei einer männlichen Person eine Machete, welche er unter seiner Jacke trägt. Der Mann behauptet diese sei nach dem Waffengesetz nicht verboten und er benötige sie für die Arbeit in seinem Garten. Er besteht somit darauf die Machete beim Konzert weiter tragen zu dürfen.

Lösung:

Laut § 1 Abs. 1 Nr. 2 a des Waffengesetzes (WaffG)[35] sind u. a. als Waffen *„tragbare Gegenstände, die ihrem Wesen nach dazu bestimmt sind, die Angriffs oder Abwehrfähigkeit von Menschen zu beseitigen oder herabzusetzen, insbesondere Hieb -und Stoßwaffen"* anzusehen. In der Anlage 1, Abschnitt 1, Unterabschnitt 2, zum Waffengesetz werden Hieb- und Stoßwaffen ergänzend definiert als *„Gegenstände, die ihrem Wesen nach dazu bestimmt sind, unter unmittelbarer Ausnutzung der Muskelkraft durch Hieb, Stoß, Stich, Schlag oder Wurf Verletzungen beizubringen"*. Das entscheidende Kriterium des § 1 Abs. 2 Nr. 2 a WaffG ist also die Zweckbestimmung. Dass man zum Beispiel jedes Küchenmesser wie auch jeden Hammer oder Schraubenzieher auch als Waffe verwenden kann, spielt in diesem Fall für die Erfassung durch das Waffengesetz keine Rolle, weil es nicht der ursprüngliche Zweck des Gegenstands ist. Eine Machete ist zum Freischlagen von Dickicht bestimmt und damit ein legales Werkzeug und ist somit keine Waffe i.S.d. Waffengesetz. Selbst die Einschränkung von Paragraph 42 Abs. 1 WaffG vermag hier nicht zu greifen: *„Wer an öffentlichen Vergnügungen, Volksfesten, Sportver-*

---

[34] http://www.gesetze.2me.net/btmg
[35] http://bundesrecht.juris.de/waffg_2002/index.html

anstaltungen, Messen, Ausstellungen, Märkten oder ähnlichen öffentlichen Veranstaltungen teilnimmt, darf keine Waffen im Sinne des § 1 Abs. 2 führen."[36]
Wäre ein Messer mitgeführt worden, welches unter § 1 Abs. 2 Nr. 2 a WaffG fällt, wäre die Rechtslage unstrittig. Das Mitführen von verbotenen Waffen stellt eine Straftat dar. Der Sicherheitsmitarbeiter wäre dann nach § 127 StPO dazu befugt die Person vorläufig festzunehmen und sie der Polizei zu übergeben.[37] Bei gefährlichen Gegenstände im Sinne des § 1 Abs. 2 Nr. 2 b WaffG i. V. m. § 42 Abs. 1 WaffG gibt es hinsichtlich der Beurteilung und Strafbarkeit verschiedene Rechtsauffassung, die an dieser Stelle nicht vertieft dargestellt werden sollen.
In dem konkret geschilderten Fall wird der Sicherheitsmitarbeiter dem Besucher anbieten die Machete beim Einlass abzugeben. Sollte der Mann sich dagegen weigern, wird sich der Sicherheitsmitarbeiter auf das Hausrecht des Veranstalters berufen, den Zutritt zu der Veranstaltung untersagen und die Person bitten den Veranstaltungsort zu verlassen.

7.4   Szenario 4 Kind „gegen Marke getauscht"

Ort: Vorraum bei der Garderobe
Situation:
Eine Frau kommt gegen 22.30 Uhr zu der Garderobe bei Block C und bittet das Garderobenpersonal darum mal ganz kurz ihr Kind aufzupassen, weil sie auf die Toilette muss. Sie erwähnt, dass sie in Block D sitzt. Sie lässt das Kind ohne klare Zustimmung der Garderobiere dort zurück und kommt nicht wieder. Die Garderobiere suchten auf den Toiletten und im unmittelbaren Umfeld des Blocks D nach der Dame, diese war jedoch nicht wieder auf zu finden.
Das Kind schreit ununterbrochen. Erst als das Konzert vorbei war, kamen die Eltern des Kindes zurück und wollten es abholen.

Lösung:
Wenn durch eine Befragung der umstehenden Personen die Mutter nicht gefunden werden kann, informiert das Sicherheitspersonal den Bereichsleiter, welcher dann den Einsatzleiter hinzuzieht. Weil die Mutter nach kurzer Zeit nicht wieder kam, musste das Personal zunächst den Sanitätsdienst benachrichtigen und danach das Kind dort abgeben, da es da in den besseren Händen ist, weil die Mitarbeiter ihrer Aufgabe weiterhin nachkommen müssen. Die Polizei sollte ebenfalls informiert werden.

---

[36] http://www.cop-gmbh.de/media/content/downloads/messer_waffenrecht.pdf
[37] Beisel, W.; Ebert, F.; Foerster, W.; Otto, F. (2004): Lehrbuch für den Werkschutz und private Sicherheitsdienste. Richard Boorberg Verlag, 6. überarbeitete Auflage, Stuttgart, München, Hannover, Berlin, Weimar, Dresden

In der Regel benachrichtigt die Polizei das Jugendamt als originär zuständige Behörde. In Betracht zu ziehen ist ein Straftatverdacht wegen der Verletzung der Fürsorge- oder Erziehungspflicht.

Gegen die Frau kann rechtlich vorgegangen werden, insbesondere wegen Kindesvernachlässigung nach §1666 BGB und eventuelle auch Fahrlässigkeit nach § 15 i. V. m. § 18 StGB.[38] Darüber hinaus könnte eine Straftat gem. § 170 d StGB Verletzung der Fürsorge- oder Erziehungspflicht vorliegen.

Um künftigen Fällen vorzubeugen, wäre eine Beschränkung für Kinder bezüglich Lärm und Uhrzeit in der Hausordnung hilfreich. Dieses Verhalten wird jedoch momentan noch gefördert, da Kinder unter 6 Jahren in der Regel freier Eintritt gewährt wird. Sie haben jedoch dann keinen Anspruch auf einen Sitzplatz.

Ein weiterer Vorschlag wäre das Anbringen von „Erkennungsbändern" am Körper des Kindes (z.B. am Handgelenk), die über Name, Adresse und Telefonnummer der Eltern Auskunft geben.

Definition von Vernachlässigung als Kindeswohlgefährdung[39]
Vernachlässigung als „Unterlassung fürsorglichen Handelns sorgeverantwortlicher Personen (Eltern oder andere autorisierte Betreuungspersonen), welches zur Sicherstellung der physischen und psychischen Versorgung des Kindes notwendig wäre".

Angepasst an den § 1666 BGB geschaffenen rechtlichen Rahmen könnte Vernachlässigung daher verstanden werden

„als Unterlassen fürsorglichen Handelns bzw. Unterlassen der Beauftragung geeigneter Dritter mit einem solchen Handeln durch Eltern oder andere Sorgeberechtigte, das für einen einsichtigen Dritten vorhersehbar zu erheblichen Beeinträchtigungen der physischen und / oder psychischen Entwicklung des Kindes führt oder vorhersehbar ein hohes Risiko solcher Folgen beinhaltet".

§ 170 d StGB Verletzung der Fürsorge- oder Erziehungspflicht

Wer seine Fürsorge- oder Erziehungspflicht gegenüber einer Person unter sechzehn Jahren gröblich verletzt und dadurch den Schutzbefohlenen in die Gefahr bringt, in seiner körperlichen oder psychischen Entwicklung erheblich geschädigt zu werden, einen kriminellen Lebenswandel zu führen oder der Prostitution nachzugehen, wird mit Freiheitsstrafe bis zu drei Jahren oder mit Geldstrafe bestraft.

---

[38] http://de.wikipedia.org/wiki/Fahrl%C3%A4ssigkeit
[39] http://213.133.108.158/asd/ASD_Inhalt.htm

Quellenverzeichnis

Abram / Conrad (1994). Einsatzlehre der Polizei, Band 4, Anlegen und Durchführung von Übungen, Anfertigen von Hausarbeiten, Boorberg, Stuttgart

Beisel, Ebert, Foerster, Otto (2005). Lehrbuch für den Werkschutz und private Sicherheitsdienste, Boorberg, Stuttgart

BGV C 7 – Unfallverhütungsvorschrift für Wach- und Sicherheitsdienste

Dietel / Gintzel / Kniesel (1994). Demonstrations- und Versammlungsfreiheit, Carl Heymanns Verlag KG, Köln

Fünfte Verordnung zur Durchführung des Bundes-Immissionsschutzgesetztes (5. BImSchV)

Glavic Hrsg. (1995). Handbuch des privaten Sicherheitsgewerbes, Boorberg, Stuttgart

Gunia, Susanne Christine (2001). Strafrechtliche Garantenstellung von Wachpersonen des privaten Sicherheitsgewerbes, Peter Lang Europäischer Verlag der Wissenschaften, Frankfurt am Main
Graf / Klein (2003). In die Zukunft führen, Verlag Rüegger, Zürich

Hesselberger, Dieter 2003: Das Grundgesetz. Kommentar für die politische Bildung, 13.Aufl., München/Unterschleißheim

Interview mit Sebastian Dupke Firma Best „Niederlassungsleiter Berlin"

Jünger, Jean-Martin, Peisker, Olaf: Mitarbeiterkontrolle, Möglichkeiten und Grenzen des Arbeitgebers (http://www.dashoefer.de/ED-KONTR/Probe.pdf, Stand 04.07.2007)

Karl / Polthier (2002). Handbuch Werkschutz, Erich Schmidt Verlag, Berlin

Koch, Harri (1993). Versammlungsrecht / Eingriffe, LTS – Verlag, Berlin

Kötter, Friedrich P. (2007). Wie private Dienstleister die Polizei unterstützen können; in: Polizei-heute 3/07

Loest / Grigoleit (2007). Grundlagen des Polizeieinsatzes. Einsatzlehre für Einsteiger der Schutz- und Kriminalpolizei. Berlin: LTS – Verlag Dirk Strahlendorf

Loyo, Harry (1995). Das private Sicherheitsgewerbe, in: der Kriminalist, S. 2 ff, Heft 1/95

Ochs, Rudolf (2005). Zusammenarbeit zwischen Polizei und privaten Sicherheitsdiensten, in: Die Polizei, S. 69 ff., Heft 3/2005

Olschok, Harald (2006). Sicherheitsgewerbe in Deutschland: Bestandsaufnahme und Ausblick in: die Kriminalpolizei, S. 103 ff., Heft 3/06

PDV 100

Pitschas, Rainer (2000). Polizei und Sicherheitsgewerbe, BKA – Forschungsreihe, Wiesbaden

Rempe / Klösters (2006). Das Planspiel als Entscheidungstraining, Kohlhammer, Stuttgart

Schünemann, Wolfgang (2003). Vertragstypen im Sicherheitsgewerbe, in: NJW, S. 1689 ff., 24 2003

Schürmann, Detlev (2006). Leitfaden Sachkundeprüfung. Rechtliche Grundlagen, Version 1.3, Gau-Algesheim

SSI Hrsg. (2006). Sicherheitsplanung, SSI Spezial 1/06, Verlag o. A.

Walitschek, Hubert (1977). Planübungstechnik, Walhalla U. Praetoria Verlag, Regensburg

Zwölfte Verordnung zur Durchführung des Bundes-Immissionsschutzgesetzes (12. BImSchV)

Internetquellen

http://www.ar.fh-koeln.de/projekte/berlin_exkursion04/referate/Olympiabauten.pdf/ Stand 18.05.07

http://www.stern.de/unterhaltung/musik/:Pink-Die-Rock-Schlampe-/515307.html/ Stand 18.05.07

http://www.cop-gmbh.de/media/content/downloads/messer_waffenrecht.pdf/ Stand 06.06.07

http://213.133.108.158/asd/ASD_Inhalt.htm/ Stand 12.06.07

http://www.unternehmenswerkstatt-bb.de/B/Bombendrohung.html/ Stand 20.06.07

http://www.polizei-bw.net/vorbeugung/propk/download/behoerdenfalt_251104.pdf/ Stand 20.06.07

http://www.lightnmusic.de/download/pdf/Gesetze/vbg68.pdf/ Stand 21.06.07

www.drk-berlin.de/infos/Merkblatt_Veranstalter.pdf/ Stand 01.07.07

www.max-schmeling-halle.de/ Stand 10.07.07

www.bmp.de/vorort/ Stand 23.05.07

www.wetter24.de/ Stand 10.07.07

http://www.feuerwehr.muenchen.de/bd50vorb/b54veran/b54veran.htm/ Stand 21.06.07

http://www.velomax.de/ Stand aktualisiert am 10.07.07

http://www.malteser.de/ Stand 22.06.07

http://www.gegenbauer.de/ Stand aktualisiert am 10.06.07

http://www.gesetze.2me.net/btmg Stand 01.07.07

http://bundesrecht.juris.de/waffg_2002/index.html Stand 06.06.07

http://rlp.juris.de/rlp/VStaettV_RP_P116.htm   Stand 26.06.07

http://de.wikipedia.org/wiki/Sicherheitsdienst Stand aktualisiert 10.07.07

http://de.wikipedia.org/wiki/Max-Schmeling-Halle Stand aktualisiert 10.07.07

http://de.wikipedia.org/wiki/Fahrl%C3%A4ssigkeit Stand 01.07.07

http://de.wikipedia.org/wiki/Personaleinsatzplanung Stand aktualisiert 10.07.07

www.wikipedia.de/wiki/Wellenbrecher Stand 08.07.07

- 151 -